MEHR ALS WOHNEN

GENOSSENSCHAFTLICH PLANEN –
EIN MODELLFALL AUS ZÜRICH

MARGRIT HUGENTOBLER,
ANDREAS HOFER,
PIA SIMMENDINGER (HRSG.)

MEHR ALS WOHNEN

GENOSSEN-SCHAFTLICH PLANEN – EIN MODELLFALL AUS ZÜRICH

ETH WOHNFORUM
ETH CASE

BAUGENOSSENSCHAFT
MEHR ALS WOHNEN

BIRKHÄUSER BASEL   EDITION WOHNEN

Realisierte Projekte in den Regionen Zürich, Bern, Lausanne, Genf und anderswo bezeugen es: Der gemeinnützige Wohnungsbau hat sich als innovative Kraft auf dem Wohnungsmarkt neu positioniert. Die in dieser Publikation beleuchtete Überbauung der Genossenschaft mit dem programmatischen Namen „mehr als wohnen" ist dafür beispielhaft. Die Bereitstellung von preisgünstigen Wohnungen ist und bleibt gerade auf den angespannten städtischen Wohnungsmärkten das zentrale Anliegen. Es geht aber nicht nur um das Wohnen zur individuellen Bedürfnisdeckung: Trägerschaft und Partnerorganisationen haben sich intensiv mit dem übergeordneten Ziel der ökonomischen, ökologischen und sozialen Nachhaltigkeit auseinandergesetzt. Die unterschiedlichen Beiträge in diesem Buch zeigen, dass es gelungen ist, zentrale Anliegen exemplarisch umzusetzen. Somit ist nicht nur das gebaute Resultat modellhaft, sondern auch der Entstehungsprozess in Form vielfältiger Dialoge. Nicht zuletzt steht der Bauträger für ein hoffentlich richtungweisendes Beispiel, wie die Kräfte des gemeinnützigen Wohnungsbaus auf lokaler oder regionaler Ebene wirkungsvoll gebündelt werden können.

Die Dokumentation der Entwicklung und Umsetzung des Projekts, die einen hilfreichen Fundus für diese Publikation darstellte, entstand mit Unterstützung des BWO, während die Bundesförderung zu einer günstigen Projektfinanzierung beitrug. Der größte Dank gebührt aber der Vielzahl von Personen, die mit ihrem unermüdlichen Einsatz die Entstehung eines „gemeinnützigen Quartiers" ermöglicht haben. Zu wünschen ist, dass der gemeinnützige Wohnungsbau auch in andern Städten vermehrt Gelegenheit erhält, seine neu gewonnene Dynamik unter Beweis zu stellen.

Dr. Ernst Hauri, Direktor Bundesamt für Wohnungswesen BWO

1-6

Innovationen gründen in einer Vision. „Manchmal macht es mich verrückt, wie undurchlässig die Wirklichkeit ist", sagt P. M., der unter diesem Pseudonym in Zürich seit den 1980er-Jahren Visionen zu zukünftigem Wohnen publiziert und sich für deren Umsetzung engagiert. Ein Satz, der die Ungeduld des Visionärs widerspiegelt. Zu Recht – Visionäre haben keine Lust, ihre Ideen in ferner Zukunft verwirklicht zu sehen. Das ist gut so, denn Visionen brauchen vielfältige Energien zur Umsetzung – und meist viel Zeit. Ein Zitat der Frustration? Mitnichten – ein realistisches, gewiss, in Anbetracht der Zeit, die gebraucht wird, damit Innovationen im Wohnbereich Fuß fassen können. Die Feststellung von P. M. ist positiv; sie zielt in eine andere Richtung als die Bemerkung eines Mitglieds der Schweizerischen Bundesregierung anlässlich einer Tagung zur „Zukunft Bauwerk Schweiz" – dass Leute mit Visionen einen Psychiater aufsuchen sollen. Eine interessantere Abwandlung des ursprünglichen Zitats des ehemaligen deutschen Bundeskanzlers Helmut Schmidt wäre: Wer eine Vision hat, sollte sich Verbündete suchen! Der gemeinnützige Wohnungsbau in Zürich hat dies erfolgreich getan.

Wie wollen wir in Zukunft leben? Diese Frage inspirierte das Projekt „mehr als wohnen". Das auf dem Hunziker Areal, im Nordosten der Stadt Zürich, neu entstandene Quartier mit 13 Wohnbauten für rund 1.400 Bewohnerinnen und Bewohner hat das Ziel, mittels einer großen Bandbreite von Innovationen zukunftstaugliches, gutes Wohnen zu erproben und umzusetzen.

Warum überhaupt – und wie? Initialzündung war das Jahr 2007 – das Jahr, in dem der gemeinnützige Wohnungsbau in Zürich sein hundertjähriges Bestehen feierte. Das Motto: „100 Jahre mehr als wohnen". Eine Erfolgsgeschichte, die den Charakter dieser Stadt entscheidend prägt: Ein Viertel der rund 210.000 Wohnungen in der Stadt Zürich sind gemeinnützig, Renditezielen und der Bodenspekulation entzogen und damit preisgünstig. Sie gehören der Stadt, öffentlich-rechtlichen Stiftungen und, zu knapp 20 Prozent, den Wohnbaugenossenschaften. Wie anders, wahrscheinlich auch kleiner, das heutige Zürich mit seinem seit Jahren enorm knappen Wohnungsmarkt (die Leerstandsquote betrug im Sommer 2014 0,22 Prozent) ohne den gemeinnützigen Wohnungsbau wäre, lässt sich kaum vorstellen. Wer könnte hier noch wohnen? Eine gehobene Mittelklasse, die sich die attraktiven Wohnungen in den Gründerzeitquartieren, in den hochpreisig sanierten Altstadtbauten oder in den oft luxuriösen Ersatz- und Neubauten institutioneller und privater Eigentümer leisten könnte. Außerdem Studierende, Immigranten und Immigrantinnen, ältere und andere Menschen mit bescheidenen oder mittleren Einkommen, die in meist in Privatbesitz befindlichen, nicht oder wenig luxuriös sanierten Altbauwohnungen oder in den Siedlungen der 1960er- und 1970er-Jahre, oft in den Außenquartieren, leben. Ein unattraktives Szenario: Zürich wäre weit weniger durchmischt, weniger lebendig, jung, urban und attraktiv.

Die Ursprünge des gemeinnützigen Wohnungsbaus im Jahr 1907 und die seitherige Entwicklung stellt der Beitrag von Daniel Kurz in einen historischen Kontext. 2007 feierten die Zürcher Wohnbaugenossenschaften nicht nur ihr Jubiläum, sondern auch einen zwanzigjährigen Innovationsschub. Das teilweise leicht verstaubte Image genossenschaftlichen Wohnens gehörte der Vergangenheit an. Wohnungsnot, Hausbesetzungen, die Jugendunruhen der 1980er-Jahre ließen Bewegung und Visionen entstehen, die in den späten 1990er-Jahren in innovativen neuen Wohnsiedlungen umgesetzt wurden. Das Jubiläum bot Anlass, diese Impulse zu nutzen, selbstbewusst in die Zukunft zu blicken und Neues zu wagen.

Peter Schmid, Präsident der Baugenossenschaft „mehr als wohnen" und langjähriger Präsident der größten Baugenossenschaft der Schweiz, ABZ, sowie des Zürcher Verbands der Wohnbaugenossenschaften, ist einer der wichtigen Strategen dieser Entwicklungen. Er kommentiert: „Der Aufbruch begann nach der Immobilienkrise in den frühen 1990er-Jahren. Dabei lassen sich die Wohnbaugenossenschaften in vier Kategorien einteilen: Die einen waren immer aktiv und bauten auch in den 1980er- und 1990er-Jahren. Dann kamen die Impulsgeber der 1980er-Jahre, die Jungen, die Neues erprobten. Es gab die Schlafenden, die irgendwann aufzuwachen begannen. Die vierte Kategorie ist noch immer im Tiefschlaf. Wichtig war auch das städtische Leitziel, in zehn Jahren 10.000 große Wohnungen zu bauen. Indem die Stadt Land im Baurecht zur Verfügung stellte und Architektur-Wettbewerbe verlangte, entstanden gute Beispiele.

Auf Genossenschaftsverbandsebene fand zudem eine stärkere Vernetzung statt. Als ich 1994 beim Verband zu arbeiten begann, kannten sich die meisten Genossenschaften, die Siedlungen in direkter Nachbarschaft besaßen, nicht. Die Vernetzung führte zu einem neuen, erstarkten Selbstbewusstsein. Kraftwerk1 war eine Genossenschaft, die zeigte, dass sie nicht eine Wohnform für arme Leute anstrebt, sondern selbstbestimmtes Wohnen. Demokratie, Mitsprache, Mitwirkung und Selbstorganisation waren wichtige Themen.

Mit dem erweiterten Blick aufs Quartier kommt „mehr als wohnen" ins Spiel. Ein enormes Potenzial, Innovationsträger zu sein, ergab sich aus diesem neuen Selbstbewusstsein und der Vielfalt neuer Projekte. Bei „mehr als wohnen" fließen sehr viele soziale Aspekte ein: partizipative Quartierentwicklung, Gewerbe, wohnen und arbeiten und vieles mehr. Die Konzeption einer Innovations- und Lernplattform stand im Vordergrund. „mehr als wohnen" ist der Versuch, das, was bei den Impulsgebern, aber auch den alten Genossenschaften vorhanden ist, aufzugreifen und zusammenzubringen. Die Alten ermöglichen den Jungen, Impulse zu setzen, was wiederum die Alten weiterbringt.

Unsere Aufgabe ist es, Neues zu denken und zu entwickeln. Da müssen wir ganz vorne mit dabei sein Wir haben Bedingungen, die Private nicht haben; zum Beispiel stehen wir nicht unter Renditedruck. Wir haben die Möglichkeit, langfristig zu denken und mehr in soziale Nachhaltigkeit zu investieren, weil es sich nicht kurzfristig auszahlen muss. Und wir dürfen Fehler machen – das ist ein Privileg", so Peter Schmid.

Die innovativen Zürcher Wohnbauprojekte der letzten Jahre stoßen auch im deutschsprachigen Ausland und in weiteren europäischen Ländern auf großes Interesse. An Besucherinnen und Besuchern, die hinter das schweizerische Geheimnis kommen wollen, fehlt es nicht. Guten, preisgünstigen Wohnungsbau zu fördern, wird in den kommenden Jahrzehnten eine europa- und weltweite Herausforderung bleiben. Dazu gilt es, oft missverstandene Begrifflichkeiten zu klären. *Gemeinnütziger Wohnungsbau* wird im Ausland, aber auch in der Schweiz, von Laien oft mit *sozialem Wohnungsbau* gleichgesetzt. Und sozialer Wohnungsbau impliziert vielerorts Subventionierung von Wohnungen oder Mietkosten durch die öffentliche Hand. Sozialer Wohnungsbau – so die gängige Meinung im In- und Ausland – ist wohl nötig für ärmere, oft mehrfach benachteiligte Bevölkerungsgruppen, darunter Migrantinnen und Migranten, ältere Menschen, Studierende, oder für Menschen, die aus irgendeinem Grund durch das Netz des „gelingenden Lebens" fallen.

Gemeinnütziger Wohnungsbau in der Schweiz ist nicht mit diesen Vorstellungen sozialen Wohnungsbaus gleichzusetzen. Peter Schmid meint dazu: „Das Wort ‚gemeinnützig' ist hindernd und förderlich zugleich. Gemeinnütziger Wohnungsbau heißt: Das, was wir machen, erzeugt einen Nutzen für die Gesellschaft. Der Gemeinnützigkeitsbegriff ist unser Problem, weil er impliziert: ehrenamtlich, sozial, nur für die Armen. Unser Verständnis ist ein anderes. ‚Am Gemeinwohl orientiert' oder ‚Allgemeinnutzen stiftend' sind die einzigen Formulierungen, die für mich stimmen. Die Belegungsvorschriften in den Genossenschaften machen wir meist freiwillig; die Vermietung an Menschen mit geringem Einkommen auch. Wir sind also nicht primär für die Armen da, sondern wir sind eine Lebensform. Wir sind nicht gemeinnützig im Sinne des sozialen Wohnungsbaus. Die Genossenschaften Kalkbreite oder auch Kraftwerk1 beispielsweise engagieren sich sozial, indem sie Wohnungen für Menschen mit geringerem Einkommen teilsubventionieren. Wenn ich im Ausland bin, sage ich, bei uns gibt es eigentlich keine Wohnbauförderung, sie ist homöopathisch. Der Bund gibt meines Wissens pro Jahr und Kopf weniger als einen Franken für eine eigentliche Wohnbauförderung aus."

Der Anteil der durch Zuschüsse des Kantons verbilligten Wohnungen für Haushalte mit einer festgelegten Einkommensobergrenze beträgt in der Stadt Zürich knapp 1,3 Prozent aller städtischen Wohnungen, also nur 2.700 der insgesamt rund 210.000 Wohnungen. Diese Wohnungen finden sich in städtischen Liegenschaften und in Siedlungen der Wohnbaugenossenschaften. Die Wohnungen sind innerhalb der Gebäude verstreut, sodass sich keine Inseln der Benachteiligung bilden, wie sie in Form massiver Sozialghettos in den Vororten europäischer Großstädte oder auch in den USA bekannt sind. Preisgünstigkeit bleibt jedoch auch ein zentrales Merkmal des gemeinnützigen Wohnungsbaus in der Schweiz. Der wichtigste Baustein dazu ist wohl die Kostenmiete, bei der keine Rendite durch die Wohnungsmiete erwirtschaftet wird. Ziel ist es, sozial durchmischte Siedlungen mit Wohnungen, Dienstleistungen und lebendigen Nachbarschaften für unterschiedliche Zielgruppen bereitzustellen: Familien, Ein- und Zweipersonen- oder Großhaushalte unterschiedlicher Konstellationen: Studierende, ältere Menschen, Paare, Wohn- und Hausgemeinschaften; kurz: Wohnraum für die Mehrheit derjenigen, die nicht über die Mittel verfügen, auf teuren und knappen städtischen Wohnungsmärkten den passenden oder gewünschten Wohnraum frei wählen zu können. Die seitens der Kommune und der meisten genossenschaftlichen Wohnbauträger bestehenden Belegungsvorschriften – in der Regel wird dabei ein Zimmer mehr als die Anzahl der Personen im Haushalt vorgesehen – leistet zudem einen zentralen Beitrag zur Reduktion des Wohnflächenkonsums, der maßgeblich zu steigenden Wohnkosten und zur Zersiedelung beiträgt. Damit leisten Genossenschaften auch einen wichtigen ökologischen Beitrag und helfen mit, Infrastrukturkosten zu sparen.

Das Experiment „mehr als wohnen" bündelt und erweitert eine ganze Reihe von Innovationen im schweizerischen gemeinnützigen Wohnungsbau seit den 1990er-Jahren. Ein neues Quartier – nicht nur eine Siedlung – ist im Entstehen begriffen. Und dies nicht an privilegierter städtischen Lage, sondern in einem Entwicklungsgebiet: große Büro- und Gewerbebauten, unwirtliche Ausfallstraßen und eine Kehrichtverbrennungsanlage gehören zur Nachbarschaft. Dennoch erprobt „mehr als wohnen" zukunftsfähigen Wohnungsbau in einem umfassenden Ansatz. Nachhaltigkeit wird hier nicht auf Energieeffizienz, Ökologie, soziale oder wirtschaftliche Aspekte reduziert. Ein Trade-off zwischen den unterschiedlichen Pfeilern der bekannten „Dreifaltigkeit" einer nachhaltigen Entwicklung, der oft mit Sachzwängen begründet wird, ist kein Thema. Das Buch ist locker entlang dieser Themen gegliedert: Der Darstellung der Entstehungsgeschichte, der Ziele, Strategien und des Entwicklungsprozesses folgen Beiträge zu Städtebau und Architektur, zu Sozialem und Kultur und zu Energie und Nachhaltigkeit. Die Inhalte schildern die Vielschichtigkeit der Zielsetzungen, des Planungs- und Umsetzungsprozesses. Die Perspektiven der Autorinnen und Autoren sind oft weiter gefasst, indem sie über Zürich hinaus relevante Entwicklungen des Wohn- und Städtebaus beleuchten und damit einen größeren Kontext schaffen.

Zum Zeitpunkt des Entstehens dieser Publikation ist „die Bewohnung" des Hunziker Areals in vollem Gange. Das neue Quartier erwacht zum Leben. Welche Strahlkraft dieser Leuchtturm entfalten kann, was sich bewährt, was nicht gelingt, wie geplant – das kann erst das nächste Buch aufzeigen.

1

DIE GRÜNDUNG VON „MEHR ALS WOHNEN" Thomas Borowski

WIE WOHNEN WIR MORGEN?

Wie wohnen wir morgen? – Diese für jedes Wohnbauprojekt essenzielle, gleichwohl in der baulichen Praxis nur selten gestellte Frage stand 2007 am Anfang eines mehrjährigen Entwicklungsprozesses, der zu einem der wegweisendsten Siedlungsprojekte Europas geführt hat – zu „mehr als wohnen": Die Geschichte von „mehr als wohnen" begann 2007, als die Stadt Zürich und deren Wohnbaugenossenschaften unter dem Motto „100 Jahre mehr als wohnen" das Jubiläum der Förderung des gemeinnützigen Wohnungsbaus feierten. Im Rahmen der Festlichkeiten wurde ein internationaler Ideenwettbewerb ausgeschrieben, dessen strategische Fragen für die Zukunft des gemeinnützigen Wohnungsbaus lauteten: Wie soll der Bestand weiterentwickelt und welche Marktstrategien sollen in Zukunft verfolgt werden? Welchen Beitrag können die gemeinnützigen Wohnbauträger zu einer nachhaltigen Entwicklung der Quartiere leisten? Mit dem offenen Ideenwettbewerb sollte ein möglichst kreativer und zukunftsweisender Denk- und Handlungsprozess angestoßen werden, erinnert sich Peter Schmid, der als Präsident von wohnbaugenossenschaften zürich (ehemals svw zürich) und späterer Präsident von „mehr als wohnen" gemeinsam mit dem Projektleiter Andreas Hofer maßgeblich für den Ideenwettbewerb und dessen zentrale Thematik „Wie wohnen wir morgen?" verantwortlich war.

IDEENWETTBEWERB ALS ENTWICKLUNGSKATALYSATOR

Die ungewöhnlich offene Fragestellung des Ideenwettbewerbs – nicht architektonische Projekte, sondern analytische Aussagen über die Bedeutung und das Potenzial des gemeinnützigen Wohnungsbaus auf Quartierebene, Aussagen zum urbanen Leben, zu sich verändernden Wohnformen, zur sozialen Durchmischung und zur Rolle der Quartierinfrastruktur wurden gesucht – führte zu einer breiten Palette interdisziplinärer Beiträge. Die eingereichten Arbeiten wurden in erster Instanz von einem Preisgericht und in zweiter Instanz, in einem sogenannten „Echoraum", von verschiedenen Baugenossenschaften, Investoren sowie Architektur- und Städtebauexperten beurteilt. Das Resultat dieser – nach dem für den späteren Entstehungsprozess von „mehr als wohnen" maßgeblichen Prinzip eines offenen Dialogs geführten – Wettbewerbsjurierung waren elf wegweisende Thesen, die thematisch von der Bekenntnis zum Wohnen in der Stadt und deren Weiterentwicklung über den haushälterischen Umgang mit Ressourcen bis hin zum Wohnen am Existenzminimum reichten.

Der Ideenwettbewerb wirkte in den beteiligten Gremien als Katalysator. Die engagiert geführten Diskussionen über die Zukunft des genossenschaftlichen Bauens und Zusammenlebens führten im Dezember 2007 zur Gründung der Baugenossenschaft „mehr als wohnen", an deren Finanzierung heute 55 Zürcher Wohnbaugenossenschaften und die Stadt Zürich selbst beteiligt sind. Ihr Ziel war es, die von der Stadt Zürich im Baurecht zur Verfügung gestellte vier Hektar große Industriebrache Hunziker Areal in Leutschenbach zu überbauen. Für Peter Schmid war dies im Rückblick ein echter Glücksfall: Die im Rahmen des Ideenwettbewerbs entstandene Dynamik innerhalb der Zürcher Baugenossenschaften konnte genutzt und die Chance ergriffen werden, auf dem dafür prädestinierten Hunziker Areal mit „mehr als wohnen" eine zukunftsweisende Innovations- und Lernplattform aufzubauen.

ÜBER DEN DIALOGPROZESS ZUR PROJEKTREIFE

Bereits Mitte 2008 lancierte das Amt für Hochbauten der Stadt Zürich gemeinsam mit „mehr als wohnen" einen Architekturwettbewerb: Aus knapp 100 Bewerbungen wurden 20 Architekturteams ausgewählt, die zusammen mit sechs Gewinnerteams aus dem Ideenwettbewerb die Einladung erhielten, sowohl ein städtebauliches Siedlungskonzept für das Hunziker Areal als auch Entwürfe für ein Einzelgebäude einzureichen. Die Anforderungen waren hoch, denn „mehr als wohnen" suchte „wegweisende architektonische Lösungen für eine zukunftsweisende Siedlung". Die Forderungen der Ausschreibung lauteten unter anderem: Aufzeigen eines Wegs hin zur 2000-Watt-Gesellschaft, neue Wohnungstypen, Raum für Menschen aller Generationen, günstige Wohnungen durch Optimierungen im Planungs- und Bauprozess.

Das Wettbewerbsprogramm sah vor, verschiedene erfolgversprechende architektonische Ansätze in ein übergeordnetes städtebauliches Konzept zu integrieren. Die Arbeitsgemeinschaft Futurafrosch/Duplex Architekten gewann den Städtebaupreis und einen Preis für ihr Einzelgebäude. Weitere Preise für ihre Einzelgebäude erhielten Müller Sigrist Architekten AG, Architekturbüro Miroslav Šik und pool Architekten. Die Teams erhielten den Auftrag, das Projekt unter der Leitung des städtebaulichen Siegers in einem kooperativen Prozess gemeinsam mit der Jury und weiteren Fachleuten zu überarbeiten. Laut Peter Schmid leiteten sich die Prinzipien des Dialogs und der Offenheit vom genossenschaftlichen Wohnen ab; innovativ sei ihre Ausweitung auf den gesamten Entwicklungsprozess einer großen Bebauung gewesen.

Der Dialogprozess führte bis zum Baubeginn 2012 zu einem überzeugenden Resultat, das die Visionen und Ziele von „mehr als wohnen" in Bezug auf ökologische Nachhaltigkeit und Wirtschaftlichkeit in einem Projekt vereint. Es ist nicht nur eine Wohnsiedlung entstanden, sondern ein Quartierteil mit vielfältigen Nutzungen und städtebaulichen Bezügen: 13 große, kompakte Baukörper bilden Straßen, Gassen und Plätze mit einem starken Zentrum und differenzierten Außenräumen, die Bewohner und Bewohnerinnen und die weitere Quartierbevölkerung zur Aneignung einladen. Die im Standard Minergie-P-Eco erstellten Bauten können als Leuchtturmprojekt auf dem Weg zur 2000-Watt-Gesellschaft – und gleichzeitig als beste Werbung für genossenschaftliches Wohnen – bezeichnet werden, hält Peter Schmid fest. Die Vielfalt der eingesetzten technischen Systeme und Baustoffe verspricht wertvolle Erkenntnisse. Die Genossenschaft arbeitet an einem Auswertungs- und Monitoringkonzept, um ihre Erfahrungen zugänglich zu machen. Neben den technischen Innovationen lotet „mehr als wohnen" mit einem breiten Angebot an Wohntypologien (vom Studio über die Familienwohnung bis zur Wohngemeinschaft oder Satellitenwohnung) das gesamte Spektrum möglicher Wohnformen aus. Zusammen mit Räumen für die Quartierversorgung und gewerblichen Flächen führt diese Vielfalt zu einer breit durchmischten Bewohnerschaft in einem spannungsvollen, belebten Quartierteil.

Insgesamt zeigt sich Peter Schmid überzeugt, dass die Jubiläumsgenossenschaft „mehr als wohnen" als Innovations- und Lernplattform für den gemeinnützigen Wohnungsbau auf dem richtigen Weg ist: Andere Genossenschaften können vom Wissenstransfer mit „mehr als wohnen" profitieren, und es wurde eine Plattform geschaffen, die dem Quartier Leutschenbach wichtige Impulse gibt. Um dies dauerhaft zu sichern, müsse diese Plattform aber auch zukünftig aktiv bewirtschaftet und weiterentwickelt werden. Im nächsten Schritt seien die Bewohner eingeladen, den Ort mit ihren Ideen zu beleben. Gelingt dies, so liegt die Antwort auf die anfänglich gestellte Frage „Wie wohnen wir morgen?" für Peter Schmid auf der Hand:

Wir werden ein reiches, gemeinschaftliches Alltagsleben in dichten, durchmischten Quartieren haben und uns in schwierigen Lebensphasen gegenseitig helfen und unterstützen – und das alles im Rahmen der seit mehr als hundert Jahren bewährten, demokratischen, genossenschaftlichen Form.

ZÜRICH: „MEHR ALS WOHNEN" Dominique Boudet

DIE WIEDERGEFUNDENE DYNAMIK DER WOHNBAUGENOSSENSCHAFTEN

Im Untergeschoss des Zürcher Hochbauamtes steht man vor einem riesigen Modell der Stadt, das fast die gesamte Fläche des Saals einnimmt. Auf dem beeindruckenden Relief zeichnen sich die Neubauten zwischen den bereits nachgedunkelten älteren Gebäuden als weiße Holzvolumen ab. Interessanter als die zwei oder drei großen Entwicklungsgebiete auf Industriebrachen sind die vielen kleinen Bauten an der Peripherie. Die weißen Konfetti belegen das Wiedererwachen eines wichtigen Akteurs des Zürcher Wohnungsbaus: der Wohnbaugenossenschaften. Die Verdichtung der Bestände ist gut sichtbar. Die Bauten sind höher und haben mehr Wohnungen, die zudem größer sind als die der aus der Nach- oder gar der Vorkriegszeit stammenden Siedlungen, die sie ersetzen. Eine typische Entwicklung, wird man sagen. Gewiss, doch die Akteure sind hier weder Finanzgruppen noch private Bauträger, sondern dieselben Genossenschaften, die vor 50 und mehr Jahren die Vorgängerbauten errichtet hatten. Die Baugenossenschaften, die etwa 40.000 Wohnungen auf meist nur mäßig ausgenutzten Grundstücken besitzen, entwickeln seit rund 15 Jahren eine neue Dynamik, die sich nicht allein auf das soziale Leben in den Siedlungen auswirkt, sondern auch die städtische und bauliche Qualität Zürichs beeinflusst und weiterhin mitprägen wird.

In Anbetracht des bedeutenden Grundbesitzes der Baugenossenschaften spricht alles dafür, dass sich der vor einigen Jahren begonnene Wandlungsprozess fortsetzen wird. Das erklärt auch den Optimismus von Peter Schmid, dem Präsidenten des Dachverbandes wohnbaugenossenschaften zürich und der größten Genossenschaft ABZ, die einen Bestand von nahezu 5.000 Wohnungen verwaltet: „Wir haben die besten Projekte und wir haben 20 Jahre Entwicklung vor uns."[1] Bevor wir die Mechanismen beschreiben, die zu dieser Wandlung geführt haben, sei daran erinnert, wie die Wohnbaugenossenschaften in Zürich eine solche Bedeutung erlangen konnten.

[1] Dieses und die folgenden Zitate stammen aus Gesprächen, die der Autor auf Französisch führte. – A. d. Ü.

MEHR WOHNUNGEN MIT WENIGER GELD

Wie in vielen Industriestädten im Norden Europas sind auch in Zürich die Wohnbaugenossenschaften zu Beginn des 20. Jahrhunderts entstanden, um der Wohnungsnot abzuhelfen und der arbeitenden Bevölkerung Zugang zu preisgünstigen Wohnungen zu verschaffen. Das Gründungsmuster ist einfach: Mehrere Personen schließen sich zusammen und gründen eine Genossenschaft, deren Anteilseigner sie werden. Die Genossenschaft baut Wohnungen und vermietet diese zu Selbstkosten an ihre Mitglieder. Da weder Gewinne abfließen noch der Boden aufgewertet wird, vergrößert sich die Differenz der genossenschaftlichen Mieten zu den Mieten auf dem freien Markt mit der Zeit deutlich.[2] Ursprünglich gründeten diese Genossenschaften meist auf beruflicher, sektoraler oder konfessioneller Zugehörigkeit. Diese Merkmale sind heute praktisch verschwunden; jede und jeder kann Mitglied jedweder Baugenossenschaft werden. Grundsätzlich gilt jedoch: Wer sich in einer Genossenschaftswohnung einmietet, wird damit Miteigentümer oder Miteigentümerin und muss Genossenschaftsanteile erwerben.[3] Die meisten Genossenschaften legen das sogenannte Pflichtanteilscheinkapital aufgrund der Kosten und der Größe der Wohnung fest und nutzen dieses Eigenkapital für die Finanzierung.

[2] Die Differenz zwischen dem durchschnittlichen Mietpreis bei Genossenschaften und den privaten Anbietern beträgt 26 %. Statistik Schweiz : Mietpreis-Struktur-Erhebung, 2006.

[3] Ausnahmen gibt es, wie bspw. die Handwerkergenossenschaft „Zurlinden", deren Mitglieder gewerbliche Betriebe des Bausektors sind, wobei die Mieterinnen und Mieter kein Miteigentum erwerben und keine Anteilscheine berappen müssen.

KRAFTWERK1 HEIZENHOLZ 2012

Umbau und Erweiterung eines Kinder-
heims aus den frühen 70er-Jahren,
Adrian Streich, Architekt, Zürich, Bezug
2012

KALKBREITE 2014

Wohn- und Gewerbegebäude auf Tramdepot in
innerstädtischer Lage, Müller Sigrist Architekten,
Zürich, Bezug 2014

KRAFTWERK1 HARDTURMSTRASSE 2001

KALKBREITE 2014

Das erste größere Neubauprojekt der jungen Genossenschaftsbewegung im Industriequartier, Stücheli Architekten mit Bünzli Courvoisier Architekten, Zürich, Bezug 2001

Zwei besondere Faktoren erklären, warum die Genossenschaften in Zürich eine so große Bedeutung erlangt haben: die Industriegeografie der Stadt und die Rolle der städtischen Politik. In der ersten Phase der Industrialisierung lagen die Fabriken und die Arbeiterwohnungen in den einstigen Vororten nahe beieinander; ein Beispiel dafür ist das Quartier Aussersihl westlich des Hauptbahnhofs. Die rasche industrielle Entwicklung löste jedoch bald das enge Band zwischen Wohnort und Arbeitsplatz. Die raumgreifenden Industrieanlagen drängten die Arbeiterwohnungen immer weiter an die Peripherie, in erst 1934 eingemeindete Gebiete im Süden, Westen und Norden der Stadt; eine Bewegung, die durch die Ausweitung des Tramnetzes erst ermöglicht wurde.

Ab dem Jahr 1907 und vor allem in den Jahren nach den beiden Weltkriegen wurde den Genossenschaften die Unterstützung der Stadt und später auch des Bundes zuteil. Zwar hatte die Stadt Zürich schon früh selbst erste eigene Wohnsiedlungen gebaut, doch ab den 1920er-Jahren verkaufte sie städtisches Land vorzugsweise an Genossenschaften, nach dem Zweiten Weltkrieg erfolgte dies in Form von Baurechten. Auf diese Weise entwickelten sich am Rande des Stadtzentrums zahlreiche Siedlungen – in den frühen Jahren nach dem Muster der Gartenstadt –, in der die selten mehr als drei oder vier geschossigen Häuser durch großzügige Grünanlagen voneinander getrennt sind.

Gemessen an den 140.000 Genossenschaftswohnungen in der gesamten Schweiz ist Zürich heute mit 40.000 die Stadt mit den meisten Genossenschaftswohnungen.[4] In Zürich sind rund 25 Prozent der Wohnungen „gemeinnützig"; sie gehören der Kommune, Stiftungen und der größte Teil davon den Genossenschaften. 2011 sprachen sich die Stimmberechtigten der Stadt in einer Volksabstimmung dafür aus, diesen Anteil bis 2025 um ein Drittel zu erhöhen. Um dies zu erreichen, müsste die Stadt weitere Grundstücke zur Verfügung stellen – die allerdings zunehmend rar werden.

4
Zahlen gemäß Angaben der Wohnbaugenossenschaften Schweiz-Regionalverband Zürich.

EINE RENAISSANCE

5
Hrsg. CSL Immobilien AG: CSL-Wohnmarktbericht 2015. 2014

6
Chefredakteur der Zeitschrift *werk, bauen & wohnen*; Mit-Autor des Bandes *Mehr als Wohnen: Gemeinnütziger Wohnungsbau in Zürich. 1907–2007 Bauten und Siedlungen*, Hg. Stadt Zürich, gta Verlag, Zürich 2007.

In einer Stadt, in der der Zugang zu Wohnraum mehrheitlich auf dem Mietverhältnis beruht (wie auch in der Schweiz insgesamt), liegt es auf der Hand, dass die Wohnbaugenossenschaften eine zentrale Rolle spielen. (Nur rund 37 Prozent der Schweizer und Schweizerinnen besitzen Wohneigentum; in der Stadt Zürich beträgt die Wohneigentumsquote sogar nur knapp 9 Prozent[5].) Daniel Kurz, ein hervorragender Kenner des Genossenschaftswesens, fasst die Lage knapp zusammen: „In Zürich gibt es drei Arten des Zugangs zu Wohnraum: den Wohnungskauf, die Miete einer auf dem freien Markt verfügbaren Wohnung und die Miete einer Genossenschaftswohnung."[6]

Doch wie sieht der Großteil dieser Wohnungen tatsächlich aus? Die Bauten aus der Zeit vor und nach dem Zweiten Weltkrieg haben oft sehr kleine Wohnflächen (70 bis 80 m² für eine 4½-Zimmer-Wohnung gegenüber den heute üblichen 100 bis 110 m²); der Komfort ist bescheiden (keine Aufzüge, kleine Balkone), und zudem genügen sie den in der Schweiz stetig steigenden ökologischen Anforderungen (etwa in Bezug auf Energieverbrauch oder Lärmschutz) oft nicht mehr.

Das eigentliche Kapital, der Schatz der Wohnbaugenossenschaften, ist ihr bisher schlecht genutzter Grundbesitz. Hier eröffnen sich vielerlei Möglichkeiten für die bereits begonnene Erneuerung. Dazu bedurfte es allerdings der Mobilisierung der Institutionen, die mit ihrer Bewohnerschaft gealtert waren und gleichsam nur noch gedämpft im Konzert des Zürcher sozialen Wohnungsbaus spielten. Das Zusammenwirken dreier gleichzeitig auftretender Faktoren –

Wohnungsmangel, die Aktionen junger, entschlossener Bürgerinnen und Bürger und das Tätigwerden der Stadtpolitik – hat die Wohnbaugesellschaften aus ihrem Dornröschenschlaf erweckt. Innerhalb weniger Jahre wurden sie wieder zu Akteuren der Erneuerung sowohl in stadtplanerischer als auch in baulicher und sozialer Hinsicht. „Bis 1996", gesteht Peter Schmid, „dämmerten die Wohnbaugenossenschaften dahin. Doch innerhalb von zehn Jahren haben sie sich zu aktiven Partnern der Stadtentwicklung gewandelt."

VON RADIKALEN AKTIONEN ZUR BAUHERRSCHAFT

In den 1990er-Jahren wurden nur ein paar hundert Wohnungen pro Jahr gebaut. Während dies auf dem freien Markt die Folge einer tiefen Immobilienkrise war, investierten auch die Wohnbaugenossenschaften kaum in Neubauten. Zwischen 1975 und 2000 – also praktisch eine Generation lang – erneuerten die Genossenschaften fast ausschließlich ihre Bestände, Ersatzneubau war noch kein Thema. Erst die Entwicklungen auf den frei werdenden Industriearealen, eine international feststellbare „Urban Renaissance" und die Aktivitäten der jungen Genossenschaftsszene setzten die Wohnungsfrage und die Rolle der Genossenschaften wieder auf die politische Agenda.

Es bestand dringender Handlungsbedarf: Wohnungsnot und hohe Mieten drängten immer mehr Familien aus der Stadt in kostengünstigere und stadtplanerisch dynamischere Gemeinden. Der Stadt Zürich drohte damit sowohl eine soziale Destabilisierung als auch ein drastischer Verlust an Steuereinnahmen. Mit dem Programm „10.000 Wohnungen in zehn Jahren" lancierte die Stadt eine Wohnbauinitiative. „Das hört sich bescheiden an, aber nach der Stagnation der 1980er- und 1990er-Jahre hatte dieses Programm eine große Wirkung: Es hat die Einstellung vieler Leute verändert. Den Genossenschaften und den privaten Investoren wurde plötzlich klar, dass sie mit ihren Projekten willkommen waren", betont Daniel Kurz. Die Stadt mobilisierte ihre Baulandreserven und schrieb sie im Baurecht aus.

QUALITÄT DURCH ARCHITEKTURWETTBEWERBE

Das Ziel war klar: Familien sollten durch angemessene Wohnungen zu günstigen Mietpreisen dazu veranlasst werden, in der Stadt zu bleiben. Die Stadt verlangte, dass für Bauprojekte auf den von ihr zur Verfügung gestellten Grundstücke Architekturwettbewerbe stattfinden mussten. „Wir strebten nicht maximale Dichte, sondern qualitativ hochwertige Bauten an. Um das zu erreichen, war die Durchführung von Wettbewerben der sicherste Weg", erklärt Ursula Müller, Vizedirektorin im Amt für Hochbauten. Die Genossenschaften, die mit der Zeit erkannten, dass dieses Verfahren die Angebotsqualität steigert, bedienen sich dessen immer häufiger und vertrauen die Ausschreibung auch dann entsprechenden Planungsbüros zur Vorbereitung eines Wettbewerbs an, wenn das Grundstück Genossenschaftseigentum ist. Nach anfänglichen Irrtümern – einige Genossenschaften bauten zu große und zu teure Wohnungen – hat sich die Bewegung immer stärker ausgeweitet. Anhand der heute mehreren Dutzend Realisierungen lassen sich die positiven Aspekte dieses Wandels klar benennen: Es gelang, trotz der Verdichtung die charakteristische Durchlässigkeit der Stadt Zürich zu bewahren. Man kann die Stadt von Norden bis Süden durchqueren und dabei stets durch Wohnanlagen gehen. 2012 veröffentlichte die Stadt eine Studie [7], die die Dichteentwicklung anhand von 30 Beispielen diskutierte, von

7
Dichter. Eine Dokumentation der baulichen Veränderung in Zürich – 30 Beispiele. Hg.: Stadt Zürich, Amt für Städtebau, 2012.

denen 25 auf das Konto von Genossenschaften gehen. Die Dichte hat tatsächlich zugenommen, bleibt aber maßvoll. Im städtischen Durchschnitt ist die Ausnutzungsziffer von 0,4/0,8 auf 1,0/1,5 gestiegen.

DREIFACHE ZÄSUR

So schlicht die Architektur hinsichtlich der Formen und Materialien gehalten ist, verbirgt sich dahinter doch eine dreifache Zäsur. Zum einen wird mit der banalen parallelen Gebäudereihung der *Siedlungen*[8] aus der Nachkriegszeit gebrochen. Heute gibt es originellere Siedlungsmuster, die das Gegenüber vermeiden, eine Vielfalt von Perspektiven und Orten schaffen und die kollektiven Grünflächen zur Geltung bringen. Zum anderen wird mit der kanonischen Form der *Swiss Box*[9] gebrochen, an deren Stelle immer häufiger weniger starre Formen treten, die das Ergebnis der Suche nach einer neuen, fließenderen Raumaufteilung mit offeneren Grundrissen sind. Die Standardtypologie sieht einen großen, offenen Raum vor, der Wohnzimmer und Küche vereint, während sich die privaten Räume als unabhängige Einheiten direkt zum kollektiven Raum hin öffnen. „Die Küche im Wohnzimmer, das war ein zehn Jahre währender Kampf", kommentiert der Architekt Christian Sumi.

Auch die jüngeren Projekte wie die Siedlung Heizenholz von Kraftwerk1, die Kalkbreite und das Projekt der Genossenschaft „mehr als wohnen" auf dem Hunziker Areal zeigen, dass die Genossenschaften wieder die Initiatoren neuer Wohnformen geworden sind. In diesen Projekten werden neue Typologien erprobt wie etwa die zurzeit viel diskutierte Clusterwohnung, eine Mischform aus Kleinwohnung und Wohngemeinschaft: Mehrere Personen oder Paare leben jeweils in einem oder zwei Zimmern (meist mit Teeküche und eigener Nasszelle ausgestattet), nutzen aber gemeinsam einen großen Wohn-/Koch-/Essraum und eventuell ein Gästezimmer. „Die Schweizer, die eine lange Tradition haben, Dinge gemeinsam zu machen – der Beweis ist das Genossenschaftswesen –, sind auf diese neuen Formen des Zusammenlebens gut vorbereitet. Die Wohnungsnot hat sie sehr früh an Wohngemeinschaften gewöhnt", erläutert Andreas Hofer.

[8] Dt. im Original – A. d. Ü.

[9] Engl. im Original – A. d. Ü.

Die behutsame Verdichtung ist in vielerlei Hinsicht bemerkenswert, weist aber deutliche Grenzen auf: Es mangelt an der urbanen Dimension. Alle diese Siedlungen belegen, dass die Wohnbaugenossenschaften in sozialer Hinsicht sehr umsichtig verfahren. So ist die soziale Durchmischung befriedigend, die funktionale Durchmischung jedoch noch mangelhaft. Wo sind die Geschäfte, die nahen Dienstleistungen, die kulturellen Einrichtungen, die Cafés, die aus diesen Wohnsiedlungen echte Quartiere machen würden? Vorbilder können hier die Projekte Kalkbreite und vor allem „mehr als wohnen" werden. Beim Großprojekt der Genossenschaft „mehr als wohnen" ist der Anspruch, ein Quartier und nicht eine Siedlung zu bauen, programmatisch. Hier zeichnet sich bereits eine weitere Phase der genossenschaftlichen Entwicklung ab: Bei großen Siedlungen mit mehreren hundert Wohnungen übernehmen die Genossenschaften de facto Verantwortung für die Stadtentwicklung. Die Verdichtung und Umwandlung der Bestände bietet eine Chance, durchmischte Quartiere mit hoher Aufenthaltsqualität und einem reichen Alltagsleben zu entwickeln. So verbinden sich aufs Neue soziale und städtebauliche Innovation.

Aus dem Französischen von Ulrike Bokelmann

AN DER STADT BAUEN
Angelus Eisinger

AKTUELLE TENDENZEN IM STÄDTEBAU

Über die letzten Jahre hinweg entstand aufgrund einer außergewöhnlichen Initiative der Zürcher Genossenschaften mit „mehr als wohnen" ein experimenteller Stadtbaustein auf dem Hunziker Areal. Dessen Entwickler stellten sich den Problemen des urbanen Zusammenwohnens vor dem Hintergrund eines drängenden Umdenkens im Hinblick auf unseren Energie- und Ressourcenverbrauch. Wie kann nun diese Arealentwicklung in die Debatten und Praktiken des aktuellen Städtebaus eingeordnet werden? Wie wird dort der Aufgabe begegnet, über den Städtebau die Stadtentwicklung zukunftsfähig auszubilden?

Im folgenden Beitrag wird diesen Fragen nachgegangen, indem zunächst die aktuellen schweizerischen und europäischen Entwicklungen gesichtet werden. Die zentralen Themen sind dabei die Arealentwicklung und nachhaltige Quartiertransformation; also jene Aspekte, die einen direkten Bezug zur Initiative „mehr als wohnen" haben.[1]

[1]
Wichtige weitere Brennpunkte der aktuellen Debatte sind 1. die Frage der Konzeption funktionaler Großräume (z.B. in Paris mit dem Boulevard périphérique/central bzw. in großmaßstäblichen landschaftlichen Konzepten wie in Montpellier, Twente oder Mailand), 2. der Bereich strategischer Planungen auf gesamtstädtischer Ebene (z.B. im Strukturplan von Antwerpen oder dem London Plan), 3. die anhaltende Renaissance des öffentlichen Raums (siehe hervorragende Realisierungen wie am Garonne-Ufer in Bordeaux oder in verschiedenen Realisierungen im Großraum Kopenhagen) und 4. die aktuell einsetzende Diskussion, statt Siedlungen Stadtquartiere zu realisieren.

STÄDTEBAU IN EUROPA HEUTE: ZWISCHEN ENTWICKLUNGSTRÄUMEN UND STAGNATIONSÄNGSTEN

Als Städtebau- und Planungshistoriker steht man der aktuellen Städtebaudiskussion in der Schweiz mit einiger Verwunderung gegenüber. Wie kaum zuvor in der Geschichte des Landes werden in den letzten Jahren die Seiten der Tageszeitungen und des Feuilletons euphorisch mit städtebaulichen Themen gefüllt, öffnen sich Kulturmagazine und Fernsehformate urbanistischen Entwicklungen. Diese diskursive Konjunktur geht mit massiven städtebaulichen Akzentsetzungen in der gebauten Wirklichkeit einher. Streift man dieser Tage durchs schweizerische Mittelland vom Bodensee bis zum Genfersee, zeigen landauf, landab mächtige Krananlagen und große Bautafeln mit kunstfertigten Illustrationen dichter Bebauungsmuster und großzügig dimensionierter Freiräume an, wie intensiv hierzulande aktuell bei der Bebauung des Landes auf städtische Typologien zurückgegriffen wird. Selbst die skeptische Zurückhaltung gegenüber Vorhaben in größerem Maßstab, die den schweizerischen Städtebau seit gut 100 Jahren prägte, scheint abzunehmen.

Der gegenwärtige Um- und Neubau der Schweiz vollzieht sich vor allem als Parzellenurbanismus. Arealüberbauungen und Brachentransformationen. Das Richti-Areal in Wallisellen oder das Rapid-Areal in Dietikon sind dafür ebenso exemplarisch wie das Sulzerareal in Winterthur oder die Entwicklungen auf der Zuger Lorzenebene. Ähnlichen konzeptionellen Fokussierungen begegnen wir heute in vielen europäischen Metropolen – wenngleich oft in anderen Größenordnungen, was die zu transformierenden Areale betrifft. Dabei fällt von London über Dublin bis Mailand, von Kopenhagen bis Marseille und Madrid auf, dass in diesem Städtebaumodell immer nur kleine Bereiche der jeweiligen Städte von dieser Praxis erfasst werden. Die Allianzen von Architektur und Städtebau mit der Immobilienentwicklung, die zur Realisierung solcher Arealentwicklungen gebildet werden, werfen im Hinblick auf eine nachhaltige Neuausrichtung der Städte einige grundsätzliche Fragen auf: Können derartige Arealentwicklungen in den betreffenden Städten eine Breitenwirkung auf die Anforderungen der Nachhaltigkeit, der Energieeffizienz und neuer Formen von Mobilität entfalten, oder schaffen sie nur vereinzelte Inseln der von Nachhaltigkeit Beglückten? Was geschieht mit diesem Modell, wenn seine ökonomischen Voraussetzungen fehlen, wie dies heute in weiten Teilen Europas und in vielen Stadtteilen der Fall ist? Ist dann auch die nachhaltige Stadtentwicklung ihrer Möglichkeiten beraubt?

In diesem Zusammenhang hat sich seit den 1990er-Jahren Berlin zu einem Experimentierfeld für alternative Pfade der Stadtentwicklung herausgebildet – dies gleichsam im sich beschleunigenden Rhythmus der Krisenerscheinungen, die die wiedervereinte Bundeshauptstadt bald nach 1995 erfassten und seither nicht mehr loslassen wollen. Berlin präsentiert sich heute als gleichzeitige Ungleichzeitigkeit von Boom und Stagnation. Auf der einen Seite stehen Townhouses oder vereinzelte grandiose Realisierungen wie Chipperfields fantastische Neudeutung des Neuen Museums; auf der anderen dramatische Leerstände, Torsos ehemals ambitionierter Großplanungen und aus finanziellen Gründen geschlossene öffentliche Einrichtungen wie Bäder und Bibliotheken. So prallen heute in Berlin vor den entsprechenden Kulissen städtebauliche Diskursfronten aufeinander: In unmittelbarer Nachbarschaft zu den Stadtteilen, in denen seit den frühen 1990er-Jahren mit dem „Planwerk Innenstadt" die Rückbesinnung des Städtebaus auf klassisch räumliche und bauliche Qualitäten im Dreieck von Dichte, Durchmischung und Öffentlichkeit stattfand, entstanden von den Aktionen um den Erhalt des Palastes der Republik über die Bars und Freizeiteinrichtungen am Spreebogen bis hin zum Tempelhof oder den Prinzessinnengärten pulsierende urbane Ereignisse, in denen „urbane Pioniere" alternative „Raumtaktiken" entwarfen.

HAMBURG: TESTFALL DER ZWEI POLE DES STÄDTEBAUS

Wenden wir also unseren Blick von der Hausse der aktuellen Schweizer Entwicklung auf die städtebauliche Dynamik in den europäischen Städten, so spannt sich die Debatte um nachhaltige Impulse zwischen den beiden Polen des großen, detailreich komponierten Plans der baulich-räumlichen Gestaltung einerseits und der Vitalität von Bottom-up-Prozessen andererseits auf. Hamburg bildete dabei über die letzten Jahre hinweg eine interessante Bühne, auf der die Frage nach den wesentlichen Strategien und Akteuren der Stadt von morgen von beiden Polen aus erörtert wurde. Neben der bis heute fortgesetzten ambitionierten Umwandlung des in unmittelbarer Nähe zur Innenstadt gelegenen ehemaligen Hafengebiets in einen neuen Stadtteil „HafenCity" war es die Internationale Bauausstellung (IBA) in Wilhelmsburg, auf deren Agenda explizit der Themenkomplex aktueller und zukünftiger Stadtbildung stand.

Mit der HafenCity rückte gewissermaßen das Berliner „Planwerk Innenstadt" an die Elbe. Die Vorstellung einer kompakten europäischen Stadt äußert sich vor Ort in einem üppigen Gerüst von weitläufigen Platzräumen und großzügigen Boulevards sowie dichten und durchmischt konzipierten Quartieren mit ihren massiven Architekturen. Die Konversion des ehemaligen Hafengebietes folgte dabei im Grunde demselben Prinzip der Tabula rasa, das über wesentliche Teile des 20. Jahrhunderts den Städtebau angeleitet hatte: Der Städtebau der HafenCity findet auf einer von allen sich dem Konzept entgegenstellenden Widerständen und Hindernissen gereinigten Fläche statt. Auf dieser Grundlage adressiert die Planung verschiedene elementare Herausforderungen der Stadt der Zukunft durch das Hinzuziehen ausgewiesener Experten auf richtungsweisende Art. Dies betrifft so unterschiedliche Aktivitätsfelder wie hohe ökologische und wegweisende energetische Standards, Vorzeigeprojekte im Hochwasserschutz, massive gestalterische Interventionen im öffentlichen Raum und die Anstrengungen zur Belebung der Erdgeschosse sowie zur Förderung von Nachbarschaften.

Die Akzente, die bei der Internationalen Bauausstellung in Wilhelmsburg gesetzt wurden, könnten sich vom Vorgehen in der HafenCity nicht deutlicher unterscheiden. Grundlegender Gedanke der IBA war die Idee, die anstehende Transformation des problembeladenen Stadtteils mithilfe eines Rückgriffs auf bestehende Strukturen und vor Ort vorhandene materielle, soziale und kulturelle Ressourcen durchzuführen. Wilhelmsburg weist dabei Strukturmerkmale auf, die europaweit in vielen zu transformierenden städtischen Räumen anzutreffen sind. Die IBA stellte sich diesen oft unbequemen Realitäten und richtete ihren Blick auf materielle und immaterielle Problematiken, die bei der Errichtung von Stadtquartieren der Zukunft im Auge zu behalten sind. So beschäftigte sie sich mit der Prägung und Einschränkung des Lebensraums durch große Infrastrukturen wie Hafenanlagen, Eisenbahn und Autobahnen sowie durch Altlasten. Sie hat weiterhin deutlich gemacht, dass die Stichworte „Transformation von Stadt-, Wohn- und Lebensraum" mit der Entwicklung angemessener Beteiligungsformen lokal ansässiger Gruppierungen einhergehen muss und kann. Mit der „interkulturellen Planungswerkstatt" initiierte sie dabei ein Vorhaben, das den anstehenden Umbau des aus den 1930er-Jahren stammenden Weltquartiers gemeinsam mit einer multikulturellen, teilweise sozial prekären Nachbarschaft anging. Zentral war dabei das frühzeitige Mitwirken der Bewohnerinnen und Bewohner. Im direkten Dialog wurden Gespräche zum Stichwort „Heimat" geführt. Dadurch entstand die notwendige Vertrautheit, um die Wünsche für den Umbau der Siedlung in Erfahrung bringen zu können. Auf diesen Grundlagen diskutierten die Betroffenen und arbeiteten mit Fotos und Modellen an neuen Wohnungsgrundrissen und Freiraumkonzepten, die in einen Katalog von Empfehlungen aufgenommen wurden, der Eingang in das Programm des städtebaulichen Ideenwettbewerbs fand. So entstanden für diesen Teil Wilhelmsburgs neuartige, an den vor Ort vorhandenen Bedürfnissen validierte Vorgaben für Grundrisse. Auf diese Weise wurde in Wilhelmsburg an elementaren Stellschrauben einer nachhaltigen Stadtentwicklung gearbeitet, die üblicherweise kaum berücksichtigt werden.

Die Stichworte zu den Entwicklungen in Hamburg an den beiden Polen der aktuellen städtebaulichen Debatte weisen viele Bezüge zum Projekt auf dem Hunziker Areal auf. Mit der HafenCity verbindet sie der Grundsatz einer Arealentwicklung, die auf einem Gerüst von Gebäuden und Freiräumen aufbaut und dabei wesentliche Herausforderungen aktueller und zukünftiger Stadtentwicklung durch den Einbezug von Expertenpositionen klärt. Das Grundgerüst erlaubt in beiden Fällen nicht nur eine hohe Varianz der Architektur, sondern schafft außerdem markante öffentliche Räume, deren Bewährungsprobe als Orte der Identitätsbildung und Integration, gerade auch in Bezug auf die umliegenden Quartiere, allerdings noch bevorsteht. In den intensiven Vorbereitungen und Begleitprozessen auf dem Hunziker Areal sind durchaus auch Bezüge zu den Wilhelmsburger Schlüsselprojekten zu sehen, die die Bewohnerschaft zu Trägern und Entwicklern des Grundkonzeptes machen. In Wilhelmsburg wie auch im Norden Zürichs bediente man sich der konzeptionellen Idee räumlich und programmatisch offen gedachter Arealentwicklungen, die als sorgfältig auf den jeweiligen räumlichen und gesellschaftlichen Kontext abgestimmte Akupunkturen nicht nur ins Innere der Entwicklung gerichtet sind, sondern in ihrer Umgebung Impulse setzen wollen. Das Stichwort der Akupunkturen ist dabei zentral. Akupunkturen sind kreativ gestaltete, Raum gewordene Hebelpunkt der Transformation eines größeren Umfelds.

Damit zeichnet sich die Aufgabe deutlich ab, um die es bei der Etablierung zukunftsfähiger Modi des Städtebaus künftig mehr und mehr gehen wird, wenn sich Nachhaltigkeit nicht allein auf die Areale beschränken soll, die städtebaulich neu entwickelt werden.

DER DRITTE WEG – SYMBIOSEN VON STADTENTWICKLUNG UND STÄDTEBAU

Die gestaltungsorientierten Ansätze einerseits und die Gestaltungsfragen verdrängenden Raumtaktiken andererseits weisen erhebliche Schwachstellen auf, wenn es um eine Etablierung nachhaltiger Methoden der Quartiertransformation geht, die allen Aspekten gerecht werden soll. Ist der Städtebau der Arealentwicklungen in seiner architektonisch ausgerichteten Konzentration auf den Planungsperimeter beschränkt, entziehen sich Bottom-up-Prozesse allzu oft diesen elementaren Aspekten der Gestaltung, der räumlichen Komposition und der baulichen Programmierung.

Nun verdichten sich über die letzten Jahre Hinweise auf Praktiken, die eine nachhaltige Beeinflussung der städtischen Entwicklung durch städtebauliche Strategien anstreben, in denen die gestalterischen Kompetenzen von Architektur und Städtebau sich mit Formen von Integration und Beteiligung verbinden. Dieser „dritte Weg" einer Allianz von Städtebau und nachhaltiger Stadtentwicklung soll zunächst am Beispiel von drei Projekten kurz umrissen und anschließend zum Hunziker Areal in Bezug gesetzt werden.

Top-down-Planung und Bottom-up-Ansätze werden in der städtebaulichen Debatte oft als Gegensätze betrachtet. Beide bieten unbestrittene Vorteile, beiden fehlen aber die Vorzüge des jeweils anderen. Die Transformation der Île de Nantes in den letzten zehn Jahren zeigt aber, dass sich die übergeordnete, strategische Dimension und das Arbeiten aus und mit lokalen Kontexten nicht ausschließen müssen, sondern sich auch gegenseitig befruchten können. Auf der Insel im Unterlauf der Seine leben 15.000 Einwohner auf 337 Hektar. Aufgegebene Hafengebiete, Brachflächen von Industrie- und Gewerbebetrieben, Wohn- und Gewerbegebiete bilden ein buntes Patchwork. Um diesem über die Zeit entstandenen Fragment wieder eine tragfähige Struktur zu verleihen, entwickelte der Architekt Alexandre Chemetoff mit seinem Team eine Planungskonzeption, die die übergeordnete Betrachtung der Insel als Gesamtraum systematisch mit lokalen Initiativen und ihren baulichen Veränderungen verzahnte. Die Vision des Masterplans wird über den „plan guide" vorangetrieben, während gleichzeitig auf der Ebene der Areale und Parzellen architektonische Projekte lanciert, konkretisiert und umgesetzt werden. Im Abstand von jeweils drei Monaten wird der „plan guide" an die Projektstände angepasst. Damit erhalten die lokalen Projekte eine dem aktuellen Stand der Dinge angepasste, übergeordnete und langfristige Orientierung, während gleichzeitig die gesamträumliche Idee nie Gefahr läuft, zu einer abstrakten, den konkreten Bedingungen vor Ort widersprechenden Setzung zu werden. Über dieses „Sägezahnprinzip" wechselseitiger Anpassungsprozesse gelingt es den Planern in Nantes außerdem, die Beteiligten vor Ort mit ihren Kenntnissen und Bedürfnissen frühzeitig und konkret in die Transformation der Insel einzubinden. So entstehen lokal sorgfältig abgestützte Akupunkturen, die gleichzeitig an der Vervollständigung eines integralen Gesamtzusammenhangs arbeiten.

Zwei Beispiele aus Antwerpen und Rotterdam zeigen, wie zivilgesellschaftliches Engagement für Fragen der Quartierentwicklung mit zeitgemäßer Gestaltung und schonendem Umgang mit knappen Ressourcen einhergehen kann. Am Anfang des Rotterdamer Projekts „Klushuizen" (zu deutsch: Bastelhäuser) standen leerstehende und vom Verfall bedrohte Gebäude in verschiedenen problembeladenen Stadtteilen. Zwischen 2003 und 2010 kaufte die Stadt Rotterdam insgesamt 169 alte und unrenovierte Gebäude. Bald zeigte sich, dass deren Sanierung sehr teuer geworden wäre und die Gebäude deshalb zu unrealistischen Preisen auf den Markt gelangt wären. In dieser verfahrenen Situation schlug die Geburtsstunde der „Klushuizen".

Zentraler Gedanke der „Bastelhäuser" ist die Idee, ein unrenoviertes Gebäude günstig an Interessierte zu verkaufen, die es dann selbst renovieren und sich darüber hinaus zu drei Jahren Eigennutzung verpflichten. Der Kauf eines Gebäudes ist nur möglich, wenn ein ausreichendes, aber nicht zu hoch bemessenes Kapital vorgelegt werden kann. Die zweite Voraussetzung für einen erfolgreichen Vertragsabschluss ist die Entwicklung eines Umbaukonzepts gemeinsam mit von der Stadt zur Verfügung gestellten Architekten. Rechtskräftig werden Kauf und Umbau erst, wenn ein entsprechend qualifizierter Umsetzungsplan vorliegt.

Beim Ansatz von „Klushuizen" entstehen neue Optionen für die Quartiersentwicklung auch im Fall von mangelnder Liquidität der öffentlichen Hand und ebenso knappen Mitteln privater Interessentengruppen, die sonst auf dem Immobilienmarkt keine Chance hätten. „Klushuizen" stimuliert dabei Eigeninitiative als elementare Ressource der Quartierentwicklung und Identitätsbildung. Diese Ambitionen verbindet das Programm mit dem Ziel, neue architektonische Qualität zu schaffen und so Impulse zu setzen. Anforderungen wie die Mindestbelegdauer erhöhen die Bereitschaft zur erfolgreichen und anhaltenden Integration in eine Umgebung, die neben den sanierten Gebäuden nicht nur neue Bewohnerinnen und Bewohner erhält, sondern auch ein deutliches Signal, dass den Abwärtsbewegungen der Quartierentwicklung begegnet wird. Die „Bastelhäuser" werden also in dieser Allianz von Themen zu umfassenden Akupunkturen ihrer Umgebung.

Antwerpen geht bei der Stabilisierung der Entwicklung in strukturschwachen Gebieten ähnliche Wege, setzt dabei aber entschiedener auf innovative Architekturkonzepte zur Stimulierung der Quartierentwicklung. Dazu gründete die Stadt 2003 die AG Vespa als städtische Immobilenmanagement- und Entwicklungsgesellschaft. Mit der AG Vespa entstanden Hebel der Quartierentwicklung für die Situationen, in denen der Immobilienmarkt nicht mehr greift. Dazu werden sorgfältig ausgewählte Gebäude umgebaut; meist in einem Umfeld, in dem die Stadt weitere strategische Planungen verfolgt. Dieser Umbau geschieht durch einen Pool von zehn auf jeweils vier Jahre verpflichteten Architekten und Architektinnen, die im Besitz der AG Vespa befindliche Bauten konzeptionell komplett überdenken und anschließend sanieren und umbauen. Die Strategie zielt dabei auf die bewusste Förderung von jungen Architekten, die experimentelle Bau- und Grundrissformen entwickeln. Die nachhaltige Erneuerung soll also über qualitativ hochwertige und innovative Architektur erfolgen. Die transformierten Gebäude werden anschließend zu im Quartier üblichen Preisen weiterverkauft. Allfällige Differenzen zwischen Umbau- und Sanierungskosten und den Erlösen werden vom Stadtentwicklungsfonds aufgefangen. Durch die Mindestdauer der Eigennutzung von fünf Jahren wird das soziale Kapital für die Quartierentwicklung nachhaltig gestärkt.

WAS KOMMEN WIRD: FELDVERSUCHE STATT LABORATORIEN

Wie lässt sich der Entwicklungsprozess von „mehr als wohnen" in diese Tendenzen einordnen? Mit den drei genannten Beispielen verbindet ihn die grundlegende Einsicht, dass nachhaltige Stadtentwicklung nur dann stattfinden kann, wenn Arealentwicklungen zu Akupunkturen ihrer Umgebung werden. Wie bei den Ansätzen aus den Niederlanden geht es bei „mehr als wohnen" um die urbanistisch und programmatisch kreative Besetzung einer Leerstelle. Im Innern bildet das Hunziker Areal ein facettenreiches urbanes Labor, in dem neue Formen des Zusammenlebens ausprobiert werden. Viele dieser Experimente sind nur möglich, weil die Umweltbedingungen weitgehend kontrolliert werden können.

Innenentwicklung wird in Zukunft immer weniger Areale und Zwischenräume finden, die für solche Experimente geeignet sind. Stattdessen müssen künftig mehr und mehr Feldversuche in Umgebungen durchgeführt werden, die bereits eine gewichtige Vorgeschichte haben und deshalb durch unterschiedlichste Interessen und Ansprüche besetzt sind. Im Städtebau müssen auch unter diesen Voraussetzungen ausreichend Spielräume für die Belange der Gestaltung und Raumorganisation, die für eine nachhaltige Stadtentwicklung unverzichtbar sind, gefunden werden. Aus den hier diskutierten Beiträgen des „dritten Wegs" ergeben sich dafür neue Rollen für Fachleute in Architektur und Städtebau bezüglich einer nachhaltigen Quartierentwicklung. Sie fungieren als Ideengeber, stellen zur Diskussion und provozieren diese, weil Architektur und Städtebau wie keine andere Disziplin Widersprüche der Entwicklung in stadträumlicher Konkretion zu überwinden versteht. Sie agieren in solchen Momenten nicht nur als Übersetzer und Mittler, sondern operieren vielmehr als Katalysatoren für Neues, weil sie Teil starker Allianzen sind.

KOLLEKTIVE WOHNFORMEN

Daniel Kurz

DIE SEHNSUCHT NACH MEHR

Das autonome Individuum, das seinen eigenen Nutzen optimiert, ist für die Theoretiker der klassischen Ökonomie die Grundeinheit der Gesellschaft. Doch das ist höchstens ein Teil der Wahrheit: Ohne Gemeinschaft kann der Mensch nicht auskommen; wir sind erst im Austausch mit anderen wir selbst. Auseinandersetzung, wahrgenommen werden, eine Rolle spielen, Sympathie finden – das alles sind Grundbedürfnisse; ihr Entzug gleicht der Haft. Kochen und Wäsche waschen kann jeder allein, doch was über den Alltag hinausgeht und ihm Glanz verleiht – Freude oder Trauer teilen, Feste feiern, tanzen, Fondue essen, lernen, debattieren – das alles und vieles mehr geht nur in Gemeinschaft anderer Menschen. Gemeinschaft ist Mehrwert; unser Leben wäre arm ohne sie.

INDIVIDUUM, KLEINFAMILIE, MARKTWIRTSCHAFT

Was uns heute selbstverständlich erscheint, das individuelle Wohnen allein, als Paar oder im Rahmen der Kleinfamilie, ist dagegen eine relativ moderne Erscheinung: Erst die Herausbildung der Marktwirtschaft, die Philosophie der Aufklärung und schließlich die Industrialisierung schufen die Voraussetzungen für das moderne Individuum und die Kleinfamilie. Die Monetarisierung von Gütern und Dienstleistungen in der Marktwirtschaft emanzipierte das einzelne Subjekt – im Rahmen seiner Kaufkraft – von der Abhängigkeit des Gebens und Nehmens in der Gemeinschaft. Durch den anonymen Geldverkehr, der die persönlichen Tauschbeziehungen ablöste, wurden die Subjekte tatsächlich ungebundener, aber auch schutzloser. Das Herausfallen der Armen aus dem relativen Schutz der sozialen Netze wurde in der Frühindustrialisierung als bedrohlicher „Pauperismus" wahrgenommen.

WOHNPALAST ODER GARTENSTADT?

Die Verelendung der Arbeiter und auch die Bedrohung des handwerklichen Mittelstands riefen nach Gegenmodellen. Eines der bis heute imposantesten Werke des Gemeinschaftswohnens entstand schon auf dem ersten Höhepunkt der Industrialisierung in Frankreich: Ab 1859 ließ der Fabrikant Jean-Baptiste André Godin für sich und seine Arbeiter das *Familistère* bauen, einen schlossartigen Komplex mit glasgedeckten Innenhöfen und 400 Wohnungen, die durch Laubengänge erschlossen sind. Läden, Schulen, ein Restaurant und sogar ein Schwimmbad standen den Bewohnerinnen und Bewohnern zur Verfügung; in den weiträumigen Innenhöfen wurden Feste und Feierlichkeiten abgehalten.[1] Godin, ein Anhänger der sozialreformerischen Ideen Charles Fouriers, glaubte an die „Assoziation" von Unternehmern und Arbeitern. Er wollte nicht nur günstigen Wohnraum schaffen, sondern darüber hinaus eine Form des Zusammenlebens ermöglichen, die zur Emanzipation und Bildung der Mitarbeiter und ihrer Familien beitragen konnte. 1880 überführte Godin das Unternehmen in eine Genossenschaft, die bis 1968 Bestand hatte. Heute steht das Familistère als französisches Nationalmonument unter Denkmalschutz. Nach einer umfassenden Renovation ergänzt ein Museum die Wohnnutzung.

Das Familistère fand trotz seines langen Bestehens keine direkten Nachfolger. Überall sonst setzte der soziale Wohnungsbau entweder auf billige Wohnblöcke oder aber auf das kleine Einfamilienhaus, von dem man sich eine Stärkung der Familie und des individuellen Selbstbewusstseins der Arbeiter erhoffte. Auch für

1
Rudolf Stumberger, *Das Projekt Utopia. Geschichte und Gegenwart des Genossenschafts- und Wohnmodells Familistère Godin*, Hamburg 2004; Thierry Paquot, Marc Berdadida (Hg.), *Habiter l'utopie. Le familistère Godin à Guise*, Paris 1979 und 2004.

von oben nach unten:
Unité d'Habitation, Marseille
Familistère, Guise
Wohnsiedlung Spangen, Rotterdam
Unité d'Habitation, Marseille

von oben nach unten:
Het nieuwe Huis, Amsterdam
Familistère, Guise
Großwohnanlage Alt-Erlaa, Wien
Besetzung Binz, Zürich

die Baugenossenschaften des 20. Jahrhunderts blieb das Einfamilienhaus das höchste Ziel, wie man den Gründungsdokumenten der ABZ und anderer großer Baugenossenschaften entnehmen kann.[2] Die Familie war der Dreh- und Angelpunkt des genossenschaftlichen Denkens. Ihr wollte man mehr Raum zum Atmen und vor allem mehr Privatsphäre verschaffen, als in der Mietskaserne möglich war. Idealbild aller Genossenschaften und wohl auch der meisten ihrer Mitglieder waren daher die Gartenstadt und, wo immer möglich, das individuelle Haus. Das schloss gemeinschaftliches Handeln nicht aus: Erst der Zusammenschluss vieler machte ja die Arbeiter und Angestellten zu kreditwürdigen Bauherren, und die Grünanlagen der Siedlungen wurden mit Stolz als kollektives Werk gefeiert.

2
z. B. Dora Staudinger, Otto Streicher, *Unser Kampf gegen die Wohnungsnot*, Zürich, ca. 1919 (Broschüre, Sozialarchiv Zürich); vgl. Daniel Kurz, *Die Disziplinierung der Stadt. Moderner Städtebau in Zürich, 1900–1940*, Zürich 2008.

GESTAPELTE EINFAMILIENHÄUSER

Fehlten das Bauland und die finanziellen Mittel für das Einfamilienhaus, so gab es immer noch die Möglichkeit, Wohnungen zu stapeln und so die Sphäre des Privaten mit dem großen Maßstab des Blocks in Einklang zu bringen.

1922 erhob Le Corbusier diese Idee zum Grundkonzept seines Städtebaus: Die *Immeuble-Villa* dachte er sich als würfelförmige, zweigeschossige Wohneinheit mit einem gartenähnlichen Patio; in tausendfacher Stapelung ergaben sich daraus freistehende Wohnhochhäuser. Zwischen 1947 und 1952 entstand mit der *Unité d'Habitation* in Marseille das erste gebaute Beispiel. Sie ist eine gestapelte Stadt mit inneren Straßen *(rues intérieures)* auf jedem dritten Geschoss, an denen die kompakten Maisonette-Wohnungen liegen, die sich teils nach unten, teils nach oben fortsetzen: Ein zweigeschossiger, verglaster Wohnraum mit Loggia und Laborküche ist über eine innere Treppe mit dem langgezogenen, schmalen Zimmergeschoss verbunden. Die *rue intérieure* im siebten Geschoss ist das eigentliche Zentrum des Hauses. Hier befinden sich die Wäscherei und Läden für den Alltagsbedarf, das Restaurant und andere gemeinschaftliche Einrichtungen. Den Kindern stehen im obersten Geschoss eine Krippe und ein Kindergarten mit Außenräumen auf der Dachterrasse zur Verfügung Die auf Pilotis frei schwebende Hochhausscheibe aus rauem Sichtbeton hat Architekturgeschichte geschrieben, und ihr Grundprinzip wurde oft kopiert; in Zürich etwa mit den städtischen Siedlungen *Lochergut* und *Unteraffoltern II*. Weiträumige, offene Eingangshallen, die als Treffpunkt dienen, sind in beiden Hochhaussiedlungen das besondere räumliche Ereignis. Sie wirken bescheiden neben dem 1985 erbauten Wiener *Wohnpark Alt-Erlaa*, den der Architekt Harry Glück mit weiteren Partnern geplant hatte. Dort haben alle 3.172 Wohnungen mindestens eine großzügige Loggia, in den unteren Geschossen des sich parabelförmig nach unten verbreiternden Baukörpers sogar Gartenterrassen. Mit eigenen Schulen, Kindergärten, Sportanlagen, Kinos und Einkaufszentren, sieben Schwimmbädern auf dem Dach, eigener Kirche, eigener Zeitung und eigenem Fernsehprogramm ist Alt-Erlaa eine Stadt in der Stadt, und trotz ihrer Größe und klobigen Gestalt ist sie bis heute eine der beliebtesten Wohnanlagen Wiens.[3]

3
Reinhard Seiss, Harry Glück. *Wohnbauten*, Salzburg 2014.

WOHNEN OHNE EIGENE KÜCHE

Während im 19. Jahrhundert Spekulanten massenhaft Mietskasernen in den Städten bauten und Genossenschaften mit Reihenhäuschen experimentierten, dachten vor allem Frauen in vielen Ländern über eine Wohnform nach, die sie bei der Hausarbeit entlasten könnte. Daraus entstand das „Einküchenhaus", in dem eine Großküche alle Wohnungen versorgte und die Hausarbeit geteilt oder durch gemeinsam angestelltes Dienstpersonal erledigt wurde. Ziel war die Rationalisierung der Hausarbeit und damit die Befreiung der Frauen von repetitiver Arbeit. Das Einküchenhaus hat in der Literatur weit mehr Spuren hinterlassen als in der gebauten Realität. Verschiedene sozialistische Theoretiker wie August Bebel oder Peter Kropotkin nahmen die Idee auf, Lily Braun, Clara Zetkin und viele andere schrieben Bücher und Essays darüber. [4]

Dieses Modell war ursprünglich für Arbeiterfamilien gedacht, in denen Mann und Frau auswärts arbeiteten – aber gerade für sie erwies es sich als zu teuer: Einsparungen in Grundriss und Ausstattung der Wohnungen reichten nicht aus, um die hohen Kosten der Dienstleistungsangebote zu kompensieren. Die realisierten Versuche – es gab sie in skandinavischen, deutschen und niederländischen Städten und auch in den USA – richteten sich denn auch eher an ein mittelständisches Publikum. Ein besonders prachtvolles Beispiel ist das 1928 erbaute *Nieuwe Huis* in Amsterdam, ein expressionistischer Backsteinbau in zentraler Lage mit 169 Wohnungen für Unverheiratete. Der Architekt Barend van den Nieuwen Amstel plante diesen Gemeinschaftspalast für die Genossenschaft *Samenwerking*. Dachterrasse, Restaurant und Bibliothek standen allen Bewohnern offen, und anfänglich bot ein Serviceteam von 35 Personen umfassende Dienstleistungen an. Ein sozialistisches Pendant ist das *Narkomfin-Gebäude* in Moskau, das 1932 nach Plänen der Architekten Moisei Ginzburg und Ignaty Milinis errichtet wurde: eine Ikone der modernen Architektur mit Speisesaal und zahlreichen gemeinschaftlichen Einrichtungen. [5] Das Prinzip der kleinen, an einem Laubengang angeschlossenen Maisonette-Wohnungen zeigt den Einfluss von Le Corbusiers „Unité d'Habitation". Heute ist das Gebäude vom Zerfall bedroht.

4
Ulla Terlinden, Susanne von Oertzen, *Die Wohnungsfrage ist Frauensache! Frauenbewegung und Wohnreform 1870 – 1933*, Berlin 2006; vgl. auch den sehr umfassenden Eintrag zum Einküchenhaus in *de.wikipedia.org*.

5
a+t research group, Aurora Fernandez Per et al., *10 Stories of Collective Housing. Graphical Analysis of Inspiring Masterpieces*, Vitoria-Gasteiz (E), 2013.

GEMEINSCHAFTSWOHNEN IM KLEINEN

In Zürich gibt es bescheidenere Bauwerke in der Art des Einküchenhauses. In der Nähe des Idaplatzes steht bis heute das 1916 erbaute *Amerikanerhaus* (Idastrasse 28), das der Architekt Karl Schwank als Einküchenhaus geplant hatte. Die kleinen Wohnungen sind durch arkadengesäumte Laubengänge rund um einen offenen Hof angeordnet. Die Baubehörden bewilligten jedoch Wohnungen ohne eigene Küchen nicht, sodass von Anfang an zusätzlich zum Speisesaal im Erdgeschoss jede Wohnung über eine kleine Küche verfügte. Im einstigen Speisesaal befindet sich heute eine Pizzeria.

In den 1920er-Jahren entstanden erste Bauprojekte für die wachsende Zahl jener Menschen, denen die Baugenossenschaften nichts anzubieten hatten und die sich keine eigene Wohnung leisten konnten: unverheiratete Frauen. 1926 wurde in Wipkingen der von der Architektin Lux Guyer geplante *Lettenhof* als erste genossenschaftliche „Frauenwohnkolonie" gebaut, die neben Kleinwohnungen anfangs auch ein Café umfasste. [6] Für ledige junge Männer realisierten die „Genossenschaft Proletarische Jugend" (heute Bonlieu) und der Architekt Stephan Hüttenmoser 1932 im Stil des Neuen Bauens das Wohnhaus „*Café Boy*" (Kochstrasse 2) mit 44 Zimmern und sechs Wohnungen, einer gemeinschaftlichen Dachterrasse und Versammlungsräumen sowie zahlreichen Ateliers und Werkstätten im Untergeschoss. [7] Seit 1997 funktioniert – nach zwölfjähriger, in der Besetzerbewegung wurzelnder Vorgeschichte – in Zürich das *Karthago* als genossenschaftliches Einküchenhaus mit 53 Bewohnerinnen und Bewohnern jeden Alters, die in neun Wohngemeinschaften leben und sich einen gemeinsamen Küchenbetrieb leisten.

6
Inge Beckel, „Wohnen in Gemeinschaft. Unabhängig, praktisch, behaglich", in: Sylvia Claus et al. (Hg.), *Lux Guyer. 1894–1955. Architektin*, Zürich 2009.

7
Bruno Kammerer, „Café Boy, die Politküche Europas im Sihlfeld", in: Silvio Baviera (Hg.), *Kult Zürich Aussersihl*, Zürich 2010.

1968, 1980 UND DANACH

In der Schweiz wurden seit dem Zweiten Weltkrieg Hunderttausende von Wohnungen neu gebaut – doch diese glichen einander immer mehr: Eine professionelle Wohnungswirtschaft produzierte Wohnungen für Kleinfamilien und in geringem Umfang Kleinappartements für Ledige; der gemeinschaftliche Anspruch schien nicht mehr zeitgemäß. Experimente wie die vom Atelier 5 im Geist Le Corbusiers erbaute Berner Siedlung Halen – mit verdichteten Kleinhäusern rund um ein gemeinschaftliches Zentrum – blieben vielbewunderte Ausnahmen.

Doch am Rand der Gesellschaft regten sich neue Sehnsüchte. Es waren vor allem Studierende und Künstler, die in den 1960er-Jahren neue Wohnformen ausprobierten: In verwinkelten Altstadthäusern und in den verrufenen Arbeiter-Mietskasernen des 19. Jahrhunderts fanden sie billige Unterkünfte. Die hohen, gleichwertigen Zimmer und großen Küchen eigneten sich perfekt für Wohngemeinschaften. Im Aufstand der Jugend von 1968 fanden WGs ihre gesellschaftlich-politische Begründung: Die Kommune ließ sich als Keimzelle einer sozialistischen Gesellschaft verstehen, in der das Leben im Kollektiv geübt wurde. Immer häufiger „befreiten" Hausbesetzer im antikapitalistischen Kampf billigen Wohnraum. Die Zürcher Genossenschaft WOGENO wurde 1976 gegründet, um Häuser vor dem Abbruch oder teuren Sanierungen zu retten und sie an selbstverwaltete Hausgemeinschaften weiterzugeben. Gemeinschaftssiedlungen mit kleinen, individuellen Einheiten – oft Reihenhäuser aus Holz und differenzierten privaten und kollektiven Außenräumen[8] wurden seit den späten 1970er-Jahren weit außerhalb der Städte auf billigem Land gebaut.

[8]
Vgl. werk, bauen + wohnen 4-2014,
„Die Achtzigerjahre heute"

Die heutige Blüte gemeinschaftlicher Wohnformen in Städten wie Zürich, Genf oder Basel hat ihre unmittelbaren Wurzeln jedoch in der zweiten Jugendbewegung von 1980, die von einer noch sehr viel größeren und einflussreicheren und nun auch international vernetzten Hausbesetzer-Bewegung begleitet war: Die Kraaker in Amsterdam, die Squatteurs in Genf, die Instandbesetzer in Berlin und die Hausbesetzer in Zürich waren Teil einer gesamteuropäischen Bewegung, die für kulturelle Freiräume kämpfte und Erfahrungen und politische Ansprüche teilte. Es ging dabei nicht mehr um „Revolution", sondern um Selbstbestimmung, kulturellen Ausdruck und um Inseln neuer, ökologisch orientierter Lebensformen. Aus der Kritik an Macht und festen Strukturen entwickelten sich Formen umfassender Demokratie, die auch in großen Gruppen funktionieren können. Aus dieser Bewegung sind zahlreiche „neue" Genossenschaften in diesen Städten hervorgegangen, zum Beispiel Codha und CIGUE in Genf, Dreieck, Karthago oder Kraftwerk1 in Zürich. Seither wurde Zürich zusammen mit Wien europa- oder sogar weltweit zu der Stadt mit den größten und ambiösesten Projekten partizipativen und gemeinschaftlichen Wohnens.

Vgl. den Beitrag von Dominique Boudet in diesem Buch. S. 17
→

WARUM HEUTE? UND WARUM IN ZÜRICH?

In der postindustriellen Moderne bewegt sich das Subjekt zwischen der Isolation in unfreiwilliger Autonomie und der Abhängigkeit von unüberschaubaren und beunruhigenden globalen Entwicklungen. Die Monetarisierung aller erdenklichen menschlichen Beziehungen macht das Individuum zwar unabhängig, relativiert aber auch Sinnzusammenhänge und Werterhaltungen. Der Lebenssinn, der nur aus dem eigenen Ich oder aus materiellem Erfolg gespeist wird, trägt nicht weit. Vielleicht sind dies Gründe, warum sich in den letzten Jahren eine wachsende Zahl von Menschen Lebensformen wünscht, die einer schrankenlosen, globalisierten Marktwirtschaft wieder mehr Verbindlichkeit entgegensetzen. Nur so ließe sich erklären, dass Wohnmodelle, die von Immobilienprofis als chancenlose Utopien betrachtet würden, heute im großen Maßstab realisiert und angenommen werden.

Dass dies gerade in der reichen und tendenziell konservativen Stadt Zürich der Fall ist, hat viele Gründe: Eine lokale Besonderheit war in den späten 1990er-Jahren das unerwartete Zusammentreffen von Stadtutopisten, traditionellen Baugenossenschaften und der Immobilienwirtschaft in Projekten wie der ersten Siedlung der Genossenschaft Kraftwerk1 an der Hardturmstrasse, das von allen Beteiligten das Betreten von Tabuzonen und die Revision von Feindbildern erforderte. Dafür schuf die Immobilienkrise der 1990er-Jahre mit ungenutzten und schwer verwertbaren Industriebrachen die materiellen Voraussetzungen. Langjährige Hausbesetzungen in großem Rahmen wie Bäcki oder Wohlgroth und später Binz oder Labitzke boten utopisch wirkende Modelle neuer Wohnformen, und der Autor P.M. oder der Think Tank INURA gaben den neuen Wohnmodellen einen starken theoretischen Hintergrund. Die jahrelangen Erfahrungen, die in einem überschaubaren Kreis von Akteurinnen und Akteuren ausgetauscht und weitergetragen wurden, ermöglichten schließlich die erfolgreiche Realisierung großer Projekte wie Kalkbreite und „mehr als wohnen". Eine ungewöhnliche Offenheit der politischen Behörden und wirksame Instrumente der Wohnbauförderung trugen dazu ebenfalls wesentlich bei.

Dass dagegen kleine, an einem überschaubaren Maßstab und am Privateigentum orientierte Baugruppen, wie sie für Süddeutschland, Berlin oder Hamburg typisch sind, in Zürich weitgehend fehlen, hat mit dem überhitzten Bodenmarkt in der Schweiz zu tun. Vielleicht hätte sich viel Energie, die heute in große und ambitionierte Projekte wie „mehr als wohnen" fließt, auf kleinere Projekte verteilt, wenn die Möglichkeit dazu bestanden hätte. So aber ist Zürich – neben Wien – zu einer Welthauptstadt neuer gemeinschaftlicher Wohn- und Arbeitsformen im großen Maßstab geworden.

GESPRÄCH ARCHITEKTUR
„ES IST TOLL, WAS HIER ALLES MÖGLICH WAR!"

TEXT UND GESPRÄCHSLEITUNG
Axel Simon AS

TEILNEHMENDE
Kornelia Gysel KG
Anne Kaestle AK
Pascal Müller PM
Miroslav Šik MS
Mischa Spoerri MSP

Abwesende Stadtbilder, tanzende Häuser und Regeln mit Freiheiten – die Architektinnen und Architekten des Hunziker Areals im Gespräch.

AS Am Tisch sitzt eine illustre Runde: Zum Siegerteam des städtebaulichen Projektwettbewerbs (Futurafrosch und Duplex) stießen, quasi als Belohnung für die Ränge, weitere drei Büros für die Einzelgebäude (Müller Sigrist, pool, Miroslav Šik). Hätten sich die Masterplanerinnen ein anderes, in der Haltung homogeneres Team gewünscht?

AK Jetzt kommen wir gleich zum Kern des Projekts: die Balance zwischen Vielfalt und Einheit. Es tut dem Projekt gut, wenn es als Ganzes eine Identität entwickeln kann, es aber auch Raum für Eigenheiten gibt. Durch unsere städtebaulichen Spielregeln war tatsächlich Platz für viele Handschriften, und trotzdem konnten wir mit der Gruppe diese Gemeinsamkeiten herstellen. Wir hatten auch Glück, weil wir alle gut miteinander ausgekommen sind.

KG Das Konzept unseres Masterplans war von Anfang an darauf angelegt. Man wusste zwar im Wettbewerb nicht, ob ein, zwei oder fünf Teams ausgewählt würden, doch weil es darum ging, ein Stück Stadt entstehen zu lassen, war es sogar eine Chance, dass wir unsere Mitplaner nicht frei wählen konnten. Wir fanden uns plötzlich in einem Kreis wieder, der unsere Diskussion lustvoll weitergeführt hat.

DIALOGE

AS Nach dem Wettbewerb wurdet ihr alle an einen Tisch gesetzt und musstet miteinander reden.

AK Die sogenannte Dialogphase musste erfunden werden, weil unsere städtebauliche Typologie mit denen der anderen nichts zu tun hatte. Dort konnten sie nicht einfach auf ihr Standardrepertoire von Wohnungen zurückgreifen. Die dicken Klötze waren unser Vielfaltsgenerator.

KG Die Dialogphase dauerte etwas länger als ein halbes Jahr. In fünf Workshops haben wir dort Themen geschärft, immer im Wechselspiel zwischen architektonischen Überlegungen und dem Städtebau. Als Städtebauteam haben wir versucht, einen halben Schritt voraus zu sein; als Architekten waren wir neben unseren Kollegen unterwegs. Das Ergebnis der Workshops haben

Miroslav Šik (links)
Mischa Spörri, pool Architekten (rechts)

Axel Simon (links)
Anne Kästle, Duplex Architekten (rechts)

Kornelia Gysel, Futurafrosch (oben)
Pascal Müller, Müller Sigrist Architekten (unten)

wir dann in sechs Regeln zusammengefasst und im Büchlein „Häuser im Dialog" publiziert.

AS   Die Jüngsten im Team hatten die Führungsrolle. Was war das für eine Erfahrung?

AK   Uns war wichtig, nicht einfach ein rechtlich wasserdichtes Regelwerk aufzubauen und festzulegen, welcher Mülleimer vor jeder Tür steht. Wir haben versucht, den Entwurfsprozess zu moderieren, der auf einer gemeinsamen Absichtserklärung basierte. Die sollte nicht von oben bestimmt sein, sondern von unten her wachsen.

AS   Und wie war es für den Erfahrensten am Tisch, von drei Architektinnen und einem Architekten dirigiert zu werden, die vom Alter her seine Studenten hätten sein können?

MS   Für mich zählt die architektonische Autorität. Ihr Städtebau war besser. Sie haben ein Blockrandsystem mit Gassen und Plätzen geplant. Ihre Häuser sind gleichzeitig Block und Punkt. Das war etwas Neues, das ich sehr gerne akzeptiert habe. Ein fantastisches Experiment.

AS   Die anderen beiden Büros haben im Städtebau etwas vollkommen anderes entwickelt. War es schwierig, davon wegzukommen und sich auf diese andere Lösung einzulassen, sie sogar mitzugestalten?

MSP   Wir haben zuerst trocken geschluckt, als wir das Resultat sahen. Dann haben wir aber gemerkt, dass es seinen Reiz hat, mit solch dicken Gebäuden zu arbeiten. Ich finde, es war irrsinnig professionell, wie das Städtebauteam alles organisiert, moderiert und geleitet hat.

PM   Auch wir fanden diese Dimensionen anfangs merkwürdig. 23 auf 27 Meter! Wir haben dann versucht, das Volumen auszureizen, statt nur außen Versprünge und Versätze zu machen. Es hat uns gereizt, diesen extremen Typ zu organisieren.

MS   In den Vorgaben war von einem „subtraktiven Prinzip" über den beiden Sockelgeschossen die Rede, oder irre ich mich?

AK   Ja, im Zusammenhang mit diesem subtraktiven Prinzip haben wir von „responding density" gesprochen, so einer Art reaktiven Dichte. Wir

wollten, dass die Häuser aufeinander reagieren. Wie beim Tanz: ausweichen, Druck und Gegendruck erzeugen, entspannen.

MS   Ich sehe das nicht überall.

AK   Im Nachhinein gibt es schon Häuser, über die ich gern diskutiert hätte. Aber genau diese Unterschiede finde ich auch interessant. Wir sind eine halbe Generation auseinander und nehmen Aufgaben unterschiedlich in die Hand. Der Reiz ist sicher das Extreme. Der Versuch, das hinzubekommen, hat zu enorm spannenden Typologien geführt.

STADTBILDER

AS   Anders als andere Planungen transportiert euer Plan kein konkretes Stadtbild.

AK   Es gibt diesen Trend, ein bekanntes Bild von Stadt zu nehmen, zum Beispiel vom Berliner Block, und es irgendwo an die Peripherie von Zürich zu stellen. Wir wollten nicht ein Modell, das es schon gibt, auf das Hunziker Areal verpflanzen. Uns interessierte eher, die Qualitäten dieser Stadtbilder zu extrahieren und einzustreuen.

KG   Am Anfang des Entwurfs haben wir uns überlegt, welche Art von Stadträumen wir den späteren Architekten für ihre Häuser mitgeben wollen. In einem späteren Workshop haben wir mit ihnen zusammen versucht, die Plätze zu charakterisieren: Was können sie? Wie funktionieren sie? Zu welcher Tageszeit sind sie belebt? Auf dieser Basis haben wir über die Außenräume die Qualitäten des Ortes beschrieben.

AK   Bei den Dimensionen der Plätze und Straßenprofile haben wir uns schon an bekannten Vorbildern orientiert: der Stadt der Gründerzeit oder des Mittelalters.

AS   Ihr habt Bilder von Räumen transportiert, nicht Bilder von Häusern?

KG   Genau. Die Autorenschaft der einzelnen Architekten war uns wichtig. Wir wollten die Verantwortung für die Häuser nicht an einen Masterplan delegieren, sondern haben ein System entwickelt, das Freiheiten zulässt, aber auch Verantwortung bedingt. Wir haben versucht, über die Qualitäten zu reden, die entstehen sollten, und nicht über exakte Maße.

AS   Jedem Architekturbüro wurden zwei nebeneinanderstehende Häuser und jeweils ein drittes am anderen Ende des Areals zugewiesen. Zwei Büros haben je drei völlig unterschiedliche Häuser konzipiert. Haben diese beiden Büros das Konzept nicht verstanden?

KG   Die Idee, jedem Büro Zwillinge und ein Geschwister zu geben – so haben wir es genannt –, hatte auch damit zu tun, dass wir den Dialogprozess als Basis für die Zusammenarbeit zuerst erfinden mussten. Wir wussten, dass ein Quartier nur dann entsteht, wenn es nicht in Teilbereiche der verschiedenen Büros zerfällt. Die ganz nahe beieinanderstehenden Zwillinge sollten ein Minimum an Austausch sicherstellen. Das dritte Haus, irgendwo anders auf dem Areal, sollte verhindern, dass jemand findet, der Rest gehe ihn nichts an.

AK   Wir wollten eben kein Paragrafenbüchlein herausgeben, sondern die Gesprächskultur pflegen. Bei einem Gespräch versteht jeder das Gesagte etwas anders. Es liegt in der Natur der Sache und ist auch ganz in Ordnung so. Bei den „Zwillingen" ging es uns nicht um eine möglichst große Ähnlichkeit, sondern um die Möglichkeit, den Zwischenraum jeweils selbst kontrollieren zu können. Zu den anderen Nachbarn kann man das eben immer nur zur Hälfte.

AS   Ist die Unterschiedlichkeit der „Zwillinge" von Müller Sigrist, die eigentlich das Tor zum Platz bilden, eine Kritik am Städtebau?

PM   Nein, der Wohnungsmix ist unterschiedlich. Aber eigentlich finde ich unsere drei Häuser gar nicht so verschieden. Die anfänglich vorgegebene Gliederung der Fassaden in Sockel, Schaft und Abschluss haben wir streng eingehalten. Da wären wir lieber freier gewesen.

AS   Die drei Häuser der pool Architekten treiben die Unterschiede auf die Spitze: Jedes ist auf eine andere Art konstruiert: eines aus Dämmbeton, eines aus Holz, das dritte aus Mauerwerk. War euch das konstruktive Experiment wichtiger als der Zusammenhang des Quartiers?

MSP   Nein, in keiner Weise. Innerhalb der städtebaulichen Regeln waren konstruktive Experimente als Erfahrungen für die Genossenschaften erwünscht. Konstruktiv einen Schritt weiterzugehen, hat uns daher gereizt.

AS   Wie habt ihr das aufeinander Abstimmen, aufeinander Reagieren der Gebäude – es wurde eben „Tanzen" genannt – koordiniert?

AK   Wir haben mehrmals alle Fassadenansichten möglichst farbgenau nebeneinander aufhängt und darüber geredet. Dabei hatten wir anfangs das Gefühl, es würde sehr homogen, fast langweilig. Wir fanden, ein bisschen mehr dürfe schon passieren. Das täuscht, habe ich gelernt.

MS   Sehr lange war da eine Fassadengliederung im Spiel. Einige von uns blieben bei manchen Häusern bis zum Schluss dabei, und andere tanzten aus der Reihe. Ich hatte erwartet, dass ihr länger darauf besteht.

AK   Das hätten wir gerne gemacht, aber wir hatten kein Mandat mehr.

MS   Das wusste ich nicht. Als wir gemeinsam am weißen Kartonmodell entworfen haben, waren die Vorgaben für den Ausdruck noch stärker. Der Sockel zeichnete das Volumen nach, darüber sprang es zum Teil zurück. Das Allgemeinverbindliche der Vorgaben ist später verschwunden, und die Architektur der einzelnen Bauten driftete stark auseinander. Mehr, als mir lieb war.

AK   Solche Fragen stellt man sich nachher: Hätte man die Hebel anders ansetzen sollen? Früher oder länger? Oder hätte man stärker um das Mandat kämpfen sollen?

AS   Miroslav Šik, finden Sie, die städtebaulichen Regeln hätten strenger sein sollen, um ein stärkeres Bild von Stadt zu erreichen?

MS   Ja, einzelne Bauten, insbesondere nördlich und östlich des Hauptplatzes tanzen für mich aus der Reihe, indem sie durch Architektur zu Solitären und Nichtstadt gestaltet wurden. Eine gelungene Einheit in der Vielfalt hingegen sieht man am westlichen und südlichen Rand des Hauptplatzes. Zum Glück ist der Städtebau raum- und formstark gegliedert, damit konnten viele eigenwillige Architekturen einigermaßen integriert werden. Ich warte noch auf die Bäume; die geben zusätzliche Qualitäten. Bei der Architektur ging es erst in Richtung „Modell Paris", also korrespondierende Sockel und Oberkanten. Aber das ging dann eben nicht weiter.

KG   In der Gesamtanordnung hatten wir uns mehr Zusammenspiel erhofft, aber auch mehr Freiheit, zum Beispiel bei der Höhenanordnung oder der Variabilität des Programms innerhalb der Häuser. Da sind wir an Grenzen gestoßen.

EXPERIMENTE

AS   Hattet ihr überlegt, ein Material vorzugeben?

AK   Das haben wir diskutiert.

KG   Irgendwann hat die Bauherrschaft alle Architektenteams aufgefordert, verschiedene Konstruktionen und Materialien im Hinblick auf eine nachhaltige Bauweise zu prüfen.

MSP   Wir haben uns da die Freiheit genommen, ein Dämmbeton-, ein Holz- und ein Backsteinhaus zu entwerfen. Wir hatten schon früher ein größeres Wohnhaus aus Holz gebaut. Diesmal wollten wir das Material im Innern zeigen.

MS   Meine Devise war hingegen: Meldet euch da nicht! Diejenigen, die moderne und technologische Experimente interessierten, haben es bei den Hörnern gepackt. Ihre „innovativen" Häuser reflektieren nicht das urbane Konzept, sondern sind modern und autonom aus dem Material heraus entworfen. Sie tanzen am meisten aus der Reihe: das Haus aus Beton und das aus Holz mit den Schindeln. Beim gemauerten Haus hingegen ist das Material nicht spürbar, weil es verputzt ist.

AK   Unser konstruktiver Pioniergang ist das Einsteinmauerwerk. Dadurch konnten wir diesen schönen, dicken Waschputz machen. Aber das bei allen vorzugeben? Das fanden wir ein bisschen stier. Es gibt ja diese Vielfalt, nicht nur des Autors und des Eigentümers, sondern auch desjenigen, der das Haus anschaut.

AS   Wie spiegelt die Erscheinung der Häuser deren zum Teil ebenfalls experimentellen Inhalt wider?

AK   Unsere Clustertypologie zeigt sich nach außen eher scheu. Es gibt das städtische, stehende Fenster mit den privaten, kleinen Einheiten, und es gibt die große Verglasung der Gemeinschaftsräume.

AS   Der Inhalt gibt sich bewusst erst auf den zweiten Blick zu erkennen?

AK   Genau. Es ist ein relativ stiller Ausdruck.

KG   Eine der ersten Rückmeldungen nach dem Wettbewerb war: „Ihr macht so spannende Grundrisse. Warum macht ihr so konservative Fassaden?" Ich habe das nicht als Kritik aufgefasst, sondern eigentlich als Bestätigung. Wir wollten ja ein Quartier schaffen. Und das lebt davon, dass an den Stadträumen keine laut schreienden Häuser stehen.

INNERE WELTEN

AS   Eure städtebauliche Grundanlage könnte man so zusammenfassen: Zu große Volumen stehen zu eng nebeneinander. Was hat das architektonisch ermöglicht?

MS   Die Gasse zwischen unseren beiden Häusern ist zehn Meter breit. Uns erschien das tatsächlich ein bisschen zu eng. Im Kreis 5 sind schon die 15 oder 16 Meter breiten Straßen kritisch. Und bei uns werden noch ziemlich hohe Bäume kommen. Unsere Fassaden springen oberhalb des Sockels vor und zurück, um die Abendsonne hereinzuholen.

KG   Mit den „zu großen Häusern und zu engen Gassen" wollten wir genau solche Lösungsansätze provozieren. In den verschiedenen Häusern gestaltet sich das sehr unterschiedlich. Und nicht jede Lage und jedes Raumprogramm ließen sich gleich gut bewältigen.

AS   Die Dicke der Gebäude provozierte zum Teil sehr schöne innere Erschließungsräume.

AK   Ja, unser Haus mit den gewöhnlichen Geschosswohnungen haben wir ausgehöhlt. Wir dachten, dass die Leute, die hier einziehen, die Nachbarschaft suchen und sich gegenseitig sehen wollen. Denen geht es nicht nur ums günstige Wohnen. Jeder Wohnraum hat ein Fenster zum inneren Erschließungsraum. Diese gemeinschaftliche Halle ist ziemlich verrückt.

MSP Bei unserm Holzhaus ist das ein gemeinschaftlicher Hof ab dem ersten Obergeschoss und eine Art Orangerie. Das Haus steht im Schatten des großen Betonhauses. Dort konnten wir gar kein volles Volumen bauen, sondern mussten anders reagieren.

AUSFÜHRUNG

AS Während der Planung hat die Genossenschaft die Ausführung in die Hände eines Totalunternehmers gelegt. Welche Probleme haben sich aus eurer Sicht daraus ergeben?

PM Das einzige Problem war der Zeitpunkt des Wechsels, nämlich nach zwei Dritteln des Bauprojekts. Das hat zu starken Abgrenzungsschwierigkeiten geführt. Man hatte den Vertrag noch nicht verhandelt, und gleichzeitig musste man einen Teil der laufenden Phase schon mit dem neuen Auftraggeber abschließen.

AS Wurden die unkonventionellen Konstruktionen infrage gestellt?

MSP Das Holzhaus stand mal auf der Kippe. Das Dämmbetonhaus ist vom TU erstaunlicherweise nie infrage gestellt worden.

KG Ich glaube, beim Betonhaus hat es funktioniert, weil es als Rohbau schon die wesentlichen Merkmale hatte. Bei den beiden Holzhäusern war zum Zeitpunkt der Bestellung noch sehr viel offen. Die Funktionsweise eines TUs steht im Widerspruch zur komplexen Planung eines solchen Holzbaus. Überall dort, wo die Bestellung klar formuliert ist, kann es funktionieren. Dort, wo im weiteren Prozess Ziele ausgehandelt werden mussten, war es schwierig.

AK Außerdem wollte der TU den Auftrag unbedingt haben und schuf sich mit dem abgegebenen Preis selber ein Problem.

AS Hat die Kostenschraube irgendwo gegriffen, wo es wehtat?

MSP Es ist ein Jammern auf hohem Niveau.

AS Ihr jammert doch gar nicht.

MSP Grundsätzlich ist es natürlich toll, was hier alles möglich war: die doppelgeschossigen Räume, die Orangerie. Das sind Sachen, die es im normalen Wohnungsbau nicht gibt. Zum Teil müssen wir uns auch selbst an die Nase fassen: Dem Ruf der Standardisierung sind wir zu wenig gefolgt. Unter dem Zeitdruck und mit der fehlenden Koordination waren wir zum Teil auch überfordert.

KG Mir tut am meisten weh, dass manche Abstriche an Stellen gemacht wurden, an denen man mit einer klugen Maßnahme etwas hätte ermöglichen können. Für die Koordination hatten wir in der Ausführung leider keinen Auftrag mehr. Ich vermute aber, das hätte sich für den TU durchaus gerechnet.

MSP Es war schon sehr komplex.

KG Ja, aber die Idee war ja, dass ein großes Unternehmen diese Komplexität meistern kann. Möglicherweise hätten wir als kleinere, beweglichere Unternehmen intelligenter eingreifen können. Dort, wo es wirksamer gewesen wäre.

MS Zumindest bei unseren Häusern bin ich mit der Ausführung sehr zufrieden. Gut, das Parkett ist nicht acht Millimeter stark, sondern nur vier. Auch hätte vielleicht ein anderes Geländer besser gepasst; jetzt haben alle das gleiche. Doch ich bin erstaunt, dass der TU es trotz der chaotischen Vielfalt so hinbekommen hat. Man muss auch sagen: Wir haben uns gewehrt. Da gab es etliche Sitzungen. Am Ende ist sehr viel Schönes realisiert worden.

MODELL ODER VORBILD?

AS Was ist euer persönliches Fazit? Welche Rolle haben Experimente wie „mehr als wohnen"? Sollte es mehr davon geben?

MSP Ich habe große Freude. Ob das Experiment gelungen ist, hängt jetzt nicht mehr so stark von der Architektur ab, sondern eher davon, wie die Siedlung mit all ihren neuen Wohnformen, der Durchmischung und den gemeinschaftlich oder öffentlich genutzten Erdgeschossen aufgenommen wird. Momentan sieht es so aus, als würde es glücken.

AK   Für uns war die Arbeit sehr anregend, spannend, lustvoll; ich glaube, auch für die anderen Architekten. Die Genossenschaft hat sich sehr mit dem Projekt identifiziert, und ich bin zuversichtlich, dass es tatsächlich eine Nachbarschaft wird. Wir nehmen ganz viele Dinge mit, die wir hier gelernt haben.

PM   Das Experiment wiederholen, unbedingt! Aber nicht als Muster, sondern tatsächlich als Experiment: Man definiert eine Übungsanlage, beginnt und versucht, etwas Neues zu erreichen. Dreizehn Häuser reagieren aufeinander – das ist eine Riesenleistung! Das Leben zieht erst ein, aber man hat jetzt schon das Gefühl, dass das geplante neue Quartier nicht aus der Retorte ist, obwohl alles gleichzeitig gebaut wurde. Der Bauherr hatte eine Vision, die Architekten die Mission. Ich empfehle, das auch an anderen Orten so zu machen. Aber nie mit dem Anspruch eines Modells, denn dann geht es schief.

KG   Unser größtes Anliegen war, dass der Ort als Teil der Stadt angenommen wird und die Bewohnerinnen ihn mitgestalten. Wenn der Wurststand der Bauarbeiter neben dem Eingang zur Tiefgarage steht, ist das ein erstes Signal für die Qualität der Plätze. Das freut mich sehr. Ob das Zusammenleben funktioniert, wird sich erst zeigen. Ich bin aber jetzt schon begeistert von der Ebene des Diskurses, den wir geführt haben: Viele Sachen sind für uns alle hier selbstverständlicher Teil des Wohnungsbaus geworden. Woanders benötigt das noch Arbeit.

MS   Die Vielfalt, die man hier sieht, war in unserer Arbeit angelegt. Sie ist vor allem aber die Vorstellung von Andreas Hofer: dieses Bild einer sozialen, funktionalen und konstruktiven Mischung. Es ist spannend. Das unterscheidet unser Quartier von vielen anderen Siedlungen.

GESPRÄCH BAUEN AUSBILDEN
„DIE ARCHITEKTEN HABEN HIER NICHT DIE SCHLÜSSELROLLE GESPIELT"

TEXT UND GESPRÄCHSLEITUNG
Axel Simon AS

TEILNEHMENDE
Claudia Schwalfenberg, SIA CS
Dietmar Eberle, ETHZ DE
Andreas Hofer, MAW AH

Die Anforderungen beim heutigen Bauen werden höher, die Komplexität wird größer. Was können Architekten in diesem Wandel ihres Berufsbildes von „mehr als wohnen" lernen? Ein Gespräch mit Architekt Dietmar Eberle, Genossenschaftsvertreter Andreas Hofer und Baukultur-Expertin Claudia Schwalfenberg

AS   Andreas Hofer, die Idee zu diesem Gespräch stammt von Ihnen. Was gab den Ausschlag?

AH   In den sieben Jahren seit der Idee zu diesem sehr komplexen Projekt „mehr als wohnen" mussten wir uns immer wieder grundsätzliche Fragen stellen: Haben wir noch die richtigen Berufe für die sich verändernde Welt? Sind die Architekten in der Lage, sich den neuen Herausforderungen anzupassen? Die Dinge sind so komplex geworden, dass vielleicht eine gewisse Bescheidenheit gefordert ist, aber auch die Fähigkeit, das Know-how an anderen Orten zu suchen. Wir waren der Meinung, wir sollten einmal kritisch zurückblicken und uns auch überlegen, was wir besser hätten machen können.

AS   Können Sie eine konkrete Erfahrung schildern?

AH   Oft trat ein Problem auf, wenn es darum ging, Rollen neu zu definieren. Hier bauten fünf Architekturbüros nach dem dialogischen Prinzip. In der Anfangsphase lief noch alles gut. Es ging um den Städtebau; um die Entscheidung, wer welches Haus mit welchen Eigenschaften baut. Das hat mich manchmal ans ETH-Studium erinnert, in dem wir gelernt haben, über Strategien und Konzepte zu reden. Wenn es aber dann in einer späteren Phase darum ging, diese Prinzipien umzusetzen, unter Kostendruck Synergien zu suchen, funktionierte es überhaupt nicht. Da war wieder jeder selbst der größte und beste Architekt. Alle haben gegeneinander gearbeitet und gemeinsam gegen den Totalunternehmer und zum Teil auch gegen die Bauträgerschaft. Das war eine schwierige Erfahrung und hat uns viel Energie gekostet.

KÜNSTLER ODER ORGANISATOR?

AS   Eine Projektleiterin der Stadt Zürich erzählte mir, es sei ganz normal, dass bei einem größeren Projekt mehrere Personen durch Burnout ausfallen. Unternehmer, Fachplaner, Architekten. Dietmar Eberle, ist das Bauen heute eine ständige Überforderung aller Beteiligten?

DE   Nein. Das ist eine Frage der Organisation der Prozesse, für die übrigens nicht der Architekt zuständig ist. Die Organisation eines Bauprozesses ist zuerst einmal Sache des Developers, der

Andreas Hofer

Axel Simon

Dietmar Eberle

Claudia Schwalfenberg

Genossenschaft, des Bauherrn. Wir können nicht erwarten, dass der Architekt die Rolle des Bauherrn übernimmt. Aber die sind heute oft nicht mehr in der Lage, ihre Ziele klar zu definieren, und das wird zum Problem der Architekten. Das andere ist: Wir wissen immer mehr über die unterschiedlichen Auswirkungen von Gebäuden und reagieren darauf mit der Behauptung, das könne noch immer eine Person. Was natürlich nicht stimmt. Es wäre doch lächerlich, Sie würden zum Zahnarzt sagen, er soll ihr Herz operieren. Das geht nicht. Sowohl Zahnärzte als auch Chirurgen sind Ärzte, aber beide können etwas anderes, weil sie vollkommen unterschiedliches Wissen haben.

AS   Claudia Schwalfenberg, wie sieht eine Verantwortliche für Baukultur das Berufsbild Architekt?

CS   Da gibt es noch immer viele Klischees, zum Beispiel das, ein Architekt wäre nicht bereit, Kompromisse zu schließen. Der Film „Fountainhead" von 1949 zeichnet ein solches Architektenbild. Ich halte das allerdings für eine Vorstellung aus der Mottenkiste, die mit der heutigen Realität nur begrenzt zu tun hat. Das hat sich geändert, und heutige Architekten haben sehr unterschiedliche Berufsverständnisse.

AS   Andreas Hofer sagte eben, jeder hielte sich selbst für den Größten und Besten und meine, alles zu wissen. Auch ich erlebe die Selbstwahrnehmung vieler Architekten noch immer als die einer Art genialen Künstlerpersönlichkeit.

CS   In Teilen ist das doch gut und richtig. Architekten sollen unsere Umwelt wesentlich mitgestalten, dann ist es auch gut, dass sie das Gestalten wichtig nehmen. Die Frage ist: Welche Aufgabe hat der Architekt im jeweiligen Projekt? Nur zu entwerfen? Oder ist er dafür verantwortlich, ein Bauwerk zu realisieren?

AS   Heute sind nicht mehr Einzelkämpfer gefragt, sondern Teamplayer. Können Architekten das?

AH   Als Auftraggeber will ich ein Haus. Dieses Haus muss eine Ganzheit sein, die irgendwie aussieht, trägt, die aktuellen Energieanforderungen erfüllt, als Metabolismus funktioniert. Das neue Quartier beweist, dass uns auch das Aussehen wichtig war. Wir haben nicht gesagt:

Architektur ist vorbei, es geht nur noch um Dämmung, Lüftung und soziale Prozesse! In einem schwierigen Entwicklungsgebiet von Zürich haben wir die Frage nach dem Charakter der Häuser sehr ernst genommen. Offensichtlich führen aber die ganzen Implikationen, die sich daraus ergeben, zu einer Überforderung.

CS   Sie haben anfangs gesagt, es sei ein komplexes Projekt mit restriktiven Rahmenbedingungen. Sie haben den Anspruch, innovativ zu sein. Sie wollen experimentieren. Das braucht dann auch Investitionen.

DE   Aber wie viel Prozent der Leute können denn experimentieren? Von einem normalen Architekten kann man nicht erwarten, dass er das kann. Ich glaube zwar, dass ihr gute Architekten gewählt habt, aber das Anforderungsprofil war hier tatsächlich sehr komplex. Das führt zur Überforderung. Es ist ja auch eure Ambition, über das Übliche hinauszugehen. Das finde ich wunderbar, aber deswegen kann man hier nicht die Frage nach dem Berufsbild beantworten. Ihr braucht ein ganz spezielles Berufsbild, das einen Teil der Idee, der Wertvorstellungen, der Herangehensweisen, der Haltungen mitträgt. Das ist keineswegs der architektonische Alltag. Ich wäre natürlich froh für euch, wenn es im Alltag mehr davon gäbe.

AH   Meine Einstiegsthese war ja: Es ist speziell hier, wir haben gewisse Anforderungen überspitzt formuliert, aber man kann etwas für das Allgemeine lernen.

DE   Was kann man lernen? Ich glaube, dass die Architekten hier nicht die Schlüsselrolle gespielt haben, sondern ihr als Bauherrschaft. Ihr musstet die Architekten in ein Korsett zwingen. Jetzt könnt ihr sie im Nachhinein nicht für dieses Korsett verantwortlich machen.

AH   Nehmen wir die Energie: Bei einem städtischen Baurecht ist Minergie-P-Eco vorgeschrieben, der ambitionierteste Energiestandard. In Kämpfen mit der Stadt haben wir es erreicht, alternative Energiekonzepte liefern und eine Bilanz über das ganze Areal machen zu dürfen. Und was haben die Fachplaner gesagt? „Was sollen wir jetzt rechnen: Minergie-A, Minergie-P oder 2000 Watt?" Wenn ich sage, wir wollen einfach etwas Vernünftiges, dann kommt nichts!

In dem Sinne richtet sich meine Kritik nicht an die Architekten, sondern an das Planungssystem, das ihnen schlussendlich die undankbare Rolle zuweist, die Dinge wieder zusammenzubringen.

DE   Wir haben das Wissen über viele Bereiche des Bauens verloren. Als jemand, der sich mit Physik beschäftigt, sehe ich: Ein Großteil von dem, was die Haustechniker sagen, ist falsch. Macht es Sinn, auf falsche Dinge einzugehen, nur weil sie der aktuellen Modellrechnung entsprechen? Ich mache manchen meiner Kollegen den Vorwurf, ihr Wissen auf diesem komplexen Gebiet sei zu dürftig.

AH   Die Architekten planen, wenn sie es mit einem „Energieprojekt" zu tun haben, die Dachränder ein bisschen höher, damit man die Fotovoltaik nicht sieht. Das ist so ungefähr der Wissensstand auf dieser Seite.

SIEDLUNG ODER QUARTIER?

AS   Heutige Anforderungen beschränken sich nicht auf Nachhaltigkeit oder Bauqualität, es geht auch um Komfort und um heutige Wohnvorstellungen. Und spätestens hier wird es mit der Einfachheit schwierig. Die Erwartungen wachsen, und mit ihnen die Wohnungen. Sind die Anforderungen heute allgemein zu hoch?

CS   Das Hunziker Areal ist auch der Versuch, Wohnformen anzubieten, bei denen die immer noch steigende Wohnfläche pro Kopf wieder kleiner wird. Die Fragen sind immer: Wo geraten Anforderungen in Konflikt miteinander? Und: Was bin ich bereit einzusetzen? Ich finde es ganz wichtig zu sagen: Wir kümmern uns nicht nur um die Wohneinheiten, sondern wir wollen Leben fürs Quartier schaffen. Das ist auch eine Steigerung der Anforderungen, aber eine sinnvolle.

DE   Der wirklich große Beitrag hier ist tatsächlich, mehr Leben im Quartier zu generieren. Der zweite ist, durch unterschiedliche Wohnformen die starre Familienorientierung der klassischen Wohnung aufzulösen und die Möglichkeit zu anderen sozialen Organisationen zu schaffen. Der dritte ist die ökonomische Dimension: relativ niedrige Wohnkosten. Das ist gesellschaftlich sehr relevant und auch die ursprüngliche Aufgabe einer Genossenschaft.

AS   Nehmen wir diesen Hauptplatz auf dem Hunziker Areal, den „Idaplatz für alle", wie er nach dem Wettbewerb genannt wurde. Wo gibt es eine vergleichbare Siedlung mit öffentlichen Nutzungen in den Erdgeschossen? Um so einen Idaplatz hier neu zu bauen, muss man mit den Konventionen brechen. Für mich ist das ein interessanter Aspekt dieses Projektes: dass Wege gefunden wurden, etwas einst Konventionelles wie den städtischen Platz der Gründerzeit wieder bauen zu können.

AH   Die Architekten verfügen über ein implizites Wissen, das mit Qualität zu tun hat. Und ich glaube, jeder Architekt zeichnet lieber ein Stadthaus mit hohem Erdgeschoss anstelle einer traurigen Balkonbrüstung. Da haben wir von der Lust der Architekten profitiert. Es ist unglaublich, was für eine Energie die an den Tag legen, wenn man sie machen lässt.

DE   Für mich ist das Projekt ein Hybrid aus Siedlung und Stadt. Die einzige Kritik, die ich hier anbringen möchte, ist: Es geht bei dem, was es eigentlich will – eine Stadt sein –, nicht weit genug. Alle Fassaden sind durch die innere Organisation geprägt. In einem städtischen Kontext müsste es aber umgekehrt sein: Der Platz definiert die Hausfassaden, und die wiederum die dahinterliegenden Innenräume.

AS   Und bei einer Siedlung ist es umgekehrt: Das Innere bestimmt die äußere Erscheinung.

DE   Ganz genau. Hier ist es ambivalent, hybrid. Was ja vielleicht unseren heutigen Wertvorstellungen entspricht. Auf der einen Seite schätzen wir diese städtischen Qualitäten, aber gleichzeitig sind wir immer noch in der inneren Organisation, also der Siedlung, gefangen.

AH   Ich denke, die Architekten, die hier beteiligt waren, würden dir widersprechen. Ich war erstaunt, mit welcher Selbstverständlichkeit sich diese jungen Leute auf schwere, norditalienische Häuser beziehen und hemmungslos Gewände aus Styropor nachbauen. Das ist eine andere Art, sich mit Stadt auseinanderzusetzen.

DE   Ich glaube auch, dass sie gern noch städtischer gebaut hätten.

CS   Man wünscht sich immer interessante Nutzungen. Aber wird das gelingen? Kommt hier ein Laden rein, in dem die Leute ihre Lebensmittel einkaufen? Und: Ist das auch ein Modell für andere Orte?

DE   Im Städtebau entscheidet die Dichte, also die Ausnutzung, ob die Erdgeschossnutzungen und die öffentlichen Räume funktionieren. Hier ist die Dichte deutlich höher als bei normalen Siedlungen, das halte ich für einen großen Fortschritt. Aber: Ihr hättet noch dichter werden können.

AH   Ich glaube nicht, dass es an der Größe der Häuser oder der Dichte liegt. Was wir trotz der Dimension des Projekts nicht beweisen konnten: dass es möglich ist, heutzutage ein Gründerquartier zu bauen. Das Flächige dieser Quartiere fehlt, die Häuser haben neben der Stadtseite immer auch eine offene Parkseite. Das macht den Städtebau dann halt doch wieder zur Siedlung – allerdings einer gut vernetzten und im Zentrum außergewöhnlich urbanen.

CS   Es vereint tatsächlich Dinge, die nicht zusammenpassen. Aber wenn ich mir die Umgebung anschaue – da ist ein Ibis-Hotel, dort das Schulhaus Leutschenbach –, ist das ein großer Spannungsbogen. Diese unterschiedlichen Dinge zusammenzubringen und vielleicht nicht ganz eindeutig zu sein, ist auch eine Stärke.

INNOVATIONSPLATTFORM ODER WOHNALLTAG?

AS   Gehen wir von der städtebaulichen noch einmal runter auf die konstruktive Ebene. Anfangs fiel bei dem Projekt nicht nur der Begriff „Quartier", sondern auch derjenige der „Innovationsplattform". Was ist damit gemeint? Eine Art Mustersiedlung?

AH   Zu Beginn haben wir der gesamten schweizerischen Bauwirtschaft verkündet: Wenn jemand etwas Neues ausprobieren will, dann hat er hier Gelegenheit. Es kam relativ wenig zurück. Aber neben dieser technologischen Ebene war das Projekt ja auch auf der sozialen und gesellschaftlichen Ebene eine Plattform. Insofern ist das keine Mustersiedlung, wie früher beim Werkbund, sondern eher ein sehr offenes Interface, das man bespielen konnte.

AS   Es gibt auf der einen Seite die Quartieridee, die ja auch darauf beruht, dass die Häuser miteinander in Dialog treten. Auf der anderen Seite gibt es diese Innovationsidee. Manchen der Architekten war die erste Idee wichtiger, anderen die zweite. So haben die pool Architekten ein Holzhaus, ein Betonhaus und ein Mauerwerkshaus geplant, also vor allem auf Konstruktionsexperimente gesetzt. Gab es da nicht Reibungen zwischen diesen beiden Zielsetzungen? Widersprüche zwischen Labor und Alltag?

AH   Dieser Aspekt gefällt mir sehr. Über das Verfahren ist es offenbar gelungen, dass es nicht 13 Einzelhäuser geworden sind. Das könnte ja auch irgendwann in eine künstlich erzeugte Vielfalt kippen. Aber die Programmatik und die Zusammenarbeit haben dafür gesorgt, dass zum Beispiel das Holzhaus eine gewisse Selbstverständlichkeit hat und das Betonhaus am richtigen Ort steht und den Platz stärkt.

AS   Was meinen die anderen: eine Vielfalt, die guttut?

CS   Ich finde die Fragen nach der Lebensform wichtiger. Was mich wirklich beeindruckt hat, sind viele Räume, bei denen ich spontan gedacht habe, hier ließe sich gut ein Fest feiern. Die Unterschiedlichkeit der Häuser ist für mich nicht zentral. Ich fände es auch nicht schlimm, wenn einige Einheiten gleich gestaltet wären.

DE   Entscheidend ist doch, dass sich die Architekten bemüht haben, diesen Dialog zu führen. Man kann immer darüber diskutieren, wie eng man die Konvention fasst. Es gibt hier Häuser, die dialogfähiger sind als andere.

AS   Das „Labor Hunziker Areal" testet neue Wohnformen, neue Konstruktionsarten, einen Prozess, der ebenfalls neu ist. Welche dieser Ebenen von Innovation ist für die allgemeine Baukultur von höherer Bedeutung?

DE   Für mich ist der wichtigste Beitrag der Versuch, sich vom Siedlungscharakter zu lösen und urbane Qualitäten zu schaffen. Die Innovation hingegen war nicht ganz so hoch.

CS Das kann man nicht auseinanderdividieren. Es ist wichtig, dass man auf allen Ebenen ansetzt und das auch kommuniziert: Es sind eine Ausstellung, eine App und gedruckte Publikationen geplant. Architekturtourismus wird hier nicht als Last, sondern von Anfang an als Lust begriffen.

MEHR ALS FREIRAUM

Sabine Wolf

DREIFELDER-WIRTSCHAFT

Neuen Formen des Zusammenlebens, Wohnens und Arbeitens eine Gestalt zu geben, ist eine große Aufgabe. Wie artikulieren sich Gemeinschaft, Nutzungsoffenheit und Aneignungsmöglichkeit in einem landschaftsarchitektonischen Projekt? Wie organisiert sich ein ganzes Quartier in einem heterogenen städtischen Gefüge; wie entsteht ein eigener Charakter und eine gemeinsam gelebte Identität?

Die Bedeutung der Freiräume für das neue Quartier und dessen städtebauliches, architektonisches wie künftiges soziales Gefüge waren bereits im Entwicklungs- und Planungsprozess angelegt: Landschaftsarchitektur und Architektur waren von Anfang an als gleichwertige Entwicklungspartner eingebunden; das städtebauliche Konzept ist aus einem Guss entstanden. So besticht der radikale, weitsichtige und mutige Masterplan als Einheit aus Städtebau, Architektur und Landschaftsarchitektur: Fünf Stadtplätze, 13 städtische Punkthäuser, Allmenden, Spielplätze, Gemeinschaftsgärten und nutzungsoffene Flächen bilden ein dichtes Mosaik. Selbstbewusst etablieren sie eine Typologie, die der in Workshops, Planbars, Worldcafés, Informationsveranstaltungen sowie der Dialogphase erarbeiteten Vision der Genossenschaft gerecht wird. Das entwerferische Dogma, die umgebenden Stadtstrukturen aufzunehmen wurde dabei erfrischend aufgelöst. Die Einbettung in die Umgebung findet nicht über die formale Angleichung der Baukörper statt, sondern durch die vielfache Vernetzung der Freiräume.

STRUKTURELLE KLARHEIT

Die Landschaftsarchitekten Klaus Müller und Rita Illien haben ein flächiges Grundmuster über das Areal gespannt, die klassischen Funktionen Aufenthalt, Kinderspiel, Erschließung, Parken, Ver- und Entsorgung sowie Aneignung umfassend. Das ist neu und erweitert das Repertoire. Die künftigen Bewohner sollen verschiedene Möglichkeiten zur Inbesitznahme und eigenen Gestaltung bestimmter Bereiche haben. Schon im Grundriss des Quartiers ist die enge und intelligente Verschränkung von Architektur und Landschaftsarchitektur augenfällig; Maßstäblichkeit, Proportionen und Formen sprechen eine gemeinsame Sprache: hier mit den gestalterischen Mitteln der Architektur, dort mit denen der Landschaftsarchitektur.

Da das landschaftsarchitektonische Gerüst von Anfang an feststand, beeinflusste es im besten Sinne auch die Architektur der Gebäude mit ihren vier Hauptfassaden und half, Regeln für die Qualität und Gestaltung der Erdgeschosse zu definieren. Indem diese heute im gesamten Quartierteil überhoch ausformuliert sind und unterschiedliche Nutzungen mit Publikumsverkehr aufnehmen, wird der Raum fließend. Wie sich im Großen das Quartier mit seiner Umgebung verzahnt, verzahnen sich auch die Gebäude mit ihrer direkten Umgebung. Diese strukturelle Klarheit macht das Quartier intuitiv lesbar.

ANORDNEN & ÜBERLAGERN

Müller Illien kombinieren in ihrem Entwurf zwei zentrale Strategien. Erstens das „Flächenmanagement", wie es der verantwortliche Partner Klaus Müller nennt: Eine Haltung durchdringt die Gestaltung der Räume, ihr Abfolgen und Übergänge, die zur Bespielung und Weiterentwicklung einlädt. Zweitens die

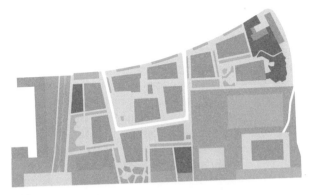

Plan des Außenraums. Prinzip der „Dreifelderwirtschaft", unterschiedlich gestaltete Räume nehmen vielfältige Funktionen auf und laden zur Weiterentwicklung und Aneignung ein.

Überlagerung: von Flächen, Nutzungen, Bepflanzungen, Belägen, Beleuchtung und Strukturen, Erfordernissen und Möglichkeiten. Sie gab Müller Illien die Freiheit, exemplarische Räume vorzuprägen und die Schwerpunkte dort zu setzen, wo sie es für wichtig hielten, und ihre Handschrift erkennbar werden sollte.

Wie ein schützendes Band legen sich die flächigen Freiräume rund um das neue Quartier. Gemeinschaftsgärten, Obstbaum-Allmenden mit Wildblumenwiesen, Ruderalflächen, Blumen- und Schotterrasen bilden den grünen Auftakt, die Vernetzungs- und Pufferzone. Die Obstbaum-Allmenden und ein Kinderspielplatz gewährleisten die Fortführung des Andreasparks nach Süden entlang des Bahndamms, der mit seinen Hecken als kommunales Naturschutzobjekt inventarisiert ist und zur übergeordneten Vernetzungsachse entlang der Bahnlinie Oerlikon-Wallisellen gehört. Müller Illiens Entwurf erfüllt so eine der städtischen Auflagen: Im städtebaulichen Leitbild für das Steiner-/Hunziker Areal von 2002 ist festgeschrieben, dass der Freiraum entlang der Andreasstrasse zu einem durchgehenden öffentlichen Park zu entwickeln ist. Die Unterhaltspflichten sind in einem Vertrag zwischen der Stadt und der Genossenschaft geregelt.

Verschiedene einheimische Gehölze prägen in Reihen und Gruppen die Gassen und Plätze. Die Pflanzenauswahl berücksichtigt den hohen Grundwasserstand des ehemaligen Riedes und verweist auf die Geschichte des Gebiets. Auf den Plätzen stehen verschiedene Ahorn-Arten, in den Quartiergässchen Kupfer-Felsenbirnen und Zitterpappeln, Kornelkirschen, Elsbeeren, Speierling und Vogelkirschen. Baumstreifen bieten lichten Sichtschutz. Größere Weiden, Pappeln, Grau-Erlen und Birken säumen die Räume zwischen den Häusern und entlang der wenigen Parkplätze. Auf den Wiesen befinden sich Obstbäume: Walnuss, Äpfel, Birnen, Kirschen und Zwetschgen.

Die aus den räumlichen Situationen abgeleitete Pflanzenwahl bildet ein selbstverständliches Patchwork, das an die Felderwirtschaft – die zeitliche Abfolge der auf einer landwirtschaftlichen Fläche angebauten Nutzpflanzenarten im Ablauf der Vegetationsperioden und Jahre – erinnert. Es ermöglicht auch, Flächen bei Bedarf umzunutzen, ohne das Gesamtkonzept zu zerstören. Im Gegenteil, Anpassungen an die sich wandelnden Bedürfnisse der Bewohnenden, variiert durch die jahreszeitliche Dynamik, geben dem jungen Quartier eine Geschichte. Diese Haltung zeigt sich spektakulär in den „hängenden Gärten von Leutschenbach". Große, über die Geschosse versetzte Pflanzkisten aus Beton und mehrgeschossige Rankgerüste aus Chromstahlseilen schmücken die Fassade zum Hunziker-Platz des Hauses Hagenholzstrasse 104 von Müller Sigrist Architekten. Bewohnerinnen und Bewohner sind eingeladen, die Erstbepflanzung der Landschaftsarchitekten durch Kräuter und Nutzpflanzen zu ergänzen und somit einen kollektiven Garten zu gestalten.

PLÄTZE, WEGE, NETZE

Als großer Quartierplatz ist der Hunziker-Platz, mit seinen angelagerten kommerziellen und gemeinschaftlichen Funktionen das Herz der Siedlung und die Schnittstelle zur Öffentlichkeit. Hier befinden sich ein Restaurant, Seminar- und Gewerberäume, eine Behindertenwerkstatt und die Rezeption der Verwaltung, die gleichzeitig als Foyer für das Gästehaus mit 20 Zimmern dient.

Die Platzfläche, mit Mergelbelag chaussiert, sitzt wie eine Intarsie im umlaufenden Asphalt. Die Ausstattung ist robust und größtenteils mobil – ein Ort für den Wochenmarkt, das Quartierfest und das Alltagsleben. Zum Treffpunkt für Jung und Alt wird der flächige Spiel- und Trinkbrunnen am südlichen Ende;

eine Gruppe mehrstämmiger Spitzahorne wird ihm einmal Schatten spenden. Auch über den Dialogweg hinweg stehen zwei davon. So markieren Müller Illien den Schwerpunkt des Platzes und nehmen der Achse des Dialogwegs ein wenig ihrer städtebaulichen Dominanz.

Diagonal versetzt zum Hunziker-Platz befindet sich ein kleiner Platz; der „härteste" städtische Raum. Futurafrosch gestalteten den Aufgang aus der Tiefgarage als kleinen Pavillon mit einem auskragenden Freidach. Bald soll ein grüner Vorhang über die Dachkante wachsen und die Ein- und Ausblicke lenken. Die reiche Pflanzenwahl spiegelt das Thema des Flächenmanagements im Kleinen. Große Betonplatten, in deren Fugen sich Vegetation ansiedelt, bilden den Bodenbelag. Sie sind eine der wenigen originalen Referenzen an den ehemaligen Produktionsstandort. Eine zweite wird das zwischenzeitlich eingelagerte Betonsilo der ehemaligen Zementwarenfabrik Hunziker sein. Als Lebensraum für Stadttiere – Tauben, Fledermäuse, Bienen, Falken – wird es im Pflanzgarten am Andreaspark aufgestellt.

Im östlichen Arealteil befindet sich ein weiterer kleiner Platz zwischen den Häusern Genossenschaftsstrasse 16 und 18 und der Hagenholzstrasse 108. Im Baujargon waren dies die Häuser K, L, M und so heißt vorerst auch der Platz, der eine Spielfläche für kleinere Kinder ist. Seine gegen Süden offene Seite ist der großen Rasenfläche um das Schulhaus Leutschenbach zugewandt. Müller Illien reagierten auf die Situation mit einem tektonischen Bild linearer Belagswechsel: Wiesenstreifen wechseln sich mit Kies-, Sand- und einem chaussierten Streifen ab. Der Kleinkinderspielplatz ist in die angedeutete Topografie eingebettet; die unterschiedlichen Beläge und eine Wasserstelle laden zum Spielen ein. Sechs Silber-Ahorne stehen über den Platz verteilt und prägen seinen leichten Charakter.

Wo Architektur und Landschaftsarchitektur sich gegenseitig ihre Räume zugestehen, ist der Freiraum nicht das, was zwischen den Gebäuden übrig bleibt; die Erschließung wird zur Vermittlerin zwischen den Nutzungen. Auf dem Hunziker Areal ist sie eine Mischfläche, die ohne Barriere oder Schwelle nahtlos an die Fassaden anschließt. Spannungsreich und wohlproportioniert umschließen die Wege- und Platzfolgen die Gebäude und verbinden sie zu einer Einheit. Die Straßen, zur Anlieferung und Entsorgung befahrbar, sind gleichzeitig Räume für die Bewohnerschaft. Veloabstellplätze befinden sich unter den Bäumen und auf den Plätzen. Die oberirdischen Parkplätze für Besucherinnen und Besucher und den Güterumschlag sind an die zentrale Ringerschließung mit Dialogweg und Genossenschaftsstrasse angelagert. Die Zu- und Ausfahrt der Tiefgarage mit 106 Parkplätzen (Parkplätze stehen den Bewohnern nur gegen einen Bedürfnisnachweis zur Verfügung) liegt am Rand des Quartiers am Beginn der Genossenschaftsstrasse.

Am östlichen Rand des Areals, leicht abgesenkt, befand sich als Überrest der ursprünglichen Riedlandschaft ein verwildertes Wäldchen. Dieses sollte, vom Unterwuchs befreit, der Kindertagesstätte als Außenraum dienen. Erschließungsstraßen für die Fernleitung, der Zustand der Gehölze und die Infrastruktur der Großbaustelle führten aber dazu, dass dieses Wäldchen zu einem großen Teil verloren ging. Neue Schwarz-Erlen, Weiden und Sal-Weiden stellen den Zustand nun wieder her. Auch bei den anderen Vorzonen von Kinderbetreuungseinrichtungen gestalten Müller Illien die Flächen so, dass sie als Bestandteil der gesamten Anlage betrachtet werden können. Hecken bilden die erforderlichen Abgrenzungen.

AUFBRUCH

Die Freiraumgestaltung auf dem Hunziker Areal steigert trotz baulicher Verdichtung die Biodiversität, indem sie ruderale Pflanzenstandorte und Trockenwiesen, die den ehemaligen Bestand ausgleichen, an den Grenzen zu den umliegenden Arealen um ein Netzwerk grüner Korridore und Trittsteine ergänzt. Ein Monitoring der Entwicklung von Fauna und Flora auf dem Areal wäre wünschenswert und könnte vermutlich Argumente in der aktuell von Verlustängsten dominierten Dichte-Diskussion liefern.

Die Freiräume auf dem Hunziker Areal und der Prozess ihrer Entwicklung sind ein Lehrstück für die Gestaltfindung neuer Wohn- und Arbeitsformen in einem schwach definierten, peripheren Gebiet. Ihr immanentes Prinzip ist die „Verdichtung" durch „Dialog", das prozesshafte Entwickeln des Neuen auf der Grundlage einer Analyse des Bestands, das Vertrauen in einen partizipativen Prozess, der nicht nur eine Anhörung ist, sondern der Inspiration dient und somit Gestaltungskraft entfaltet. Gerade im Freiraum ist die gefundene Form immer nur Zwischenstand, ein neuer Ausgangspunkt für weitere Veränderungen, Anpassungen und für das Wachstum.

Einem offenen, dialogischen Prozess bei der Gestaltung eines Großprojekts diese Bedeutung zu geben, ist ein Wagnis. Es verlangt von den Fachleuten Geduld und kommunikative Kompetenzen und Frustrationstoleranz. Gleichzeitig werden so von Anfang an gemeinsame Werte geschaffen, und das Projekt wird in einen gesellschaftlichen und territorialen Kontext eingebettet.

Die Freiraumgestaltung auf dem Hunziker Areal hat großes Potenzial, zum Motor des künftigen Zusammenlebens zu werden. Als Orte mit Aufenthaltsqualitäten für alle Tages- und Jahreszeiten ermöglichen die Freiräume eine Vielzahl von Nutzungen durch sämtliche Anwohnerinnen und Anwohner. Die homogene Heterogenität der Außenräume verleiht dem Quartier seinen Charakter. Die Freiraumgestaltung trägt ihren Teil dazu bei, das Hunziker Areal zu einem Pionierwerk zu machen: Das Projekt ist in seiner Prozessgestaltung ein Lehrstück für eine neue Planungskultur und im Ergebnis ein Lehrstück für den Städtebau von morgen. Es markiert den Aufbruch in eine neue Ära städtischer Quartiere, in denen der Freiraumgestaltung eine tragende Rolle zukommt.

PLANMATERIAL

Duplex Architekten
HAUS A und M

Miroslav Šik
HAUS B, C, K

Müller Sigrist Architekten
HAUS D, E, H

Futurafrosch
HAUS F und I

pool Architekten
HAUS G, J, L

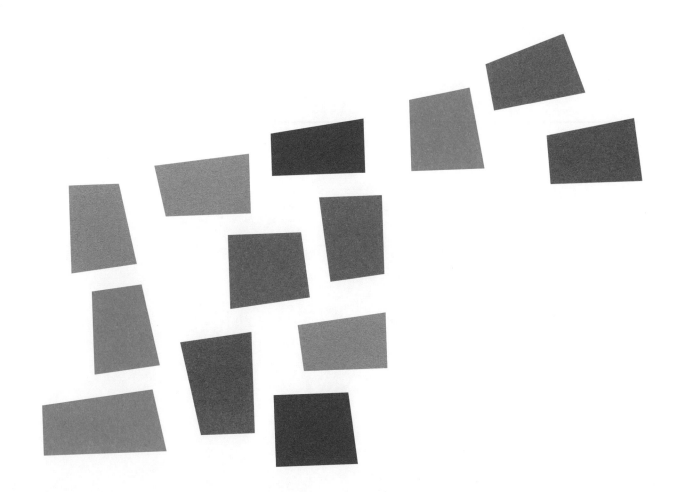

Heidi-Abel-Weg

Hagenholzstr.

Bushaltestelle

Besucher-Parkplatz

Coiffeur

Geschäftsstelle Genossenschaft maw/Gästehaus Hunziker

Werkplatz

Restaurant

Rezeption

allg. Zugang Tiefgarage

Bäckerei

Dialogweg

Hunziker-Platz

Mobilitätsstation Geigenbauatelier

Kultursalon

Allmendräume

Masteringstudio Musikraum

Arbe

Riedgraben

Riedgrabenweg

Pflanzgarten

Allmendraum

Nagel-studio

Allmendräume

Tanz- und Yoga-Studio

Galerie

Pocket Platz

Kin

Bouleplatz

Kita

Beschäftigungsatelier

Büro

Psychothe-rapeutische Praxis

Büro

Spielplatz

Andreaspark

Andreasstrasse

N   0   50   100m

Situationsplan Erdgeschoss

Cordelia-Guggenheim-Weg

Bushaltestelle

Igelzentrum, Psychologische Praxis und Büro

Allmendräume

Saatlenfussweg

Take-away

Malerwerkstatt

Grafikatelier

KLM-Platz

Besucher-Parkplatz

Heilpädagogische Schule

Kinder-tagesstätte

Spielplatz

Heilpädagogische Schule

Genossenschaftsstrasse

Kunstthe-rapeutische Praxis

Hauswart

Redaktionsbüro

Kinderkleiderbörse

Kindergarten

Kindergarten

Spielplatz

Pflanzgarten

Schulanlage Leutschenbach

DUPLEX ARCHITEKTEN
HAUS A

	Dialogweg 6
Architektur	Duplex Architekten, Zürich
Nutzung	6 Clusterwohnungen mit 10½ und 5 mit 12½ Zimmern; Beschäftigungsatelier; Galerie; Wohnung Stiftung ZKJ; Wohnung Stiftung Züriwerk
Konstruktion	Einsteinmauerwerk verputzt
Gebäudetechnik	Dezentrale Bedarfslüftung mit Wärmerückgewinnung
Spezialität	Clusterwohnungen um großen Lichthof, Behinderten-werkstätte, Galerie, Hochparterre zum Andreaspark
Geschossfläche	6.883 m²
Nutzfläche Wohnen	3.937 m²
Nutzfläche Gewerbe/ Gemeinschaft	415 m²
Volumen	22.288 m³

N

Grundriss Regelgeschoss
1:300

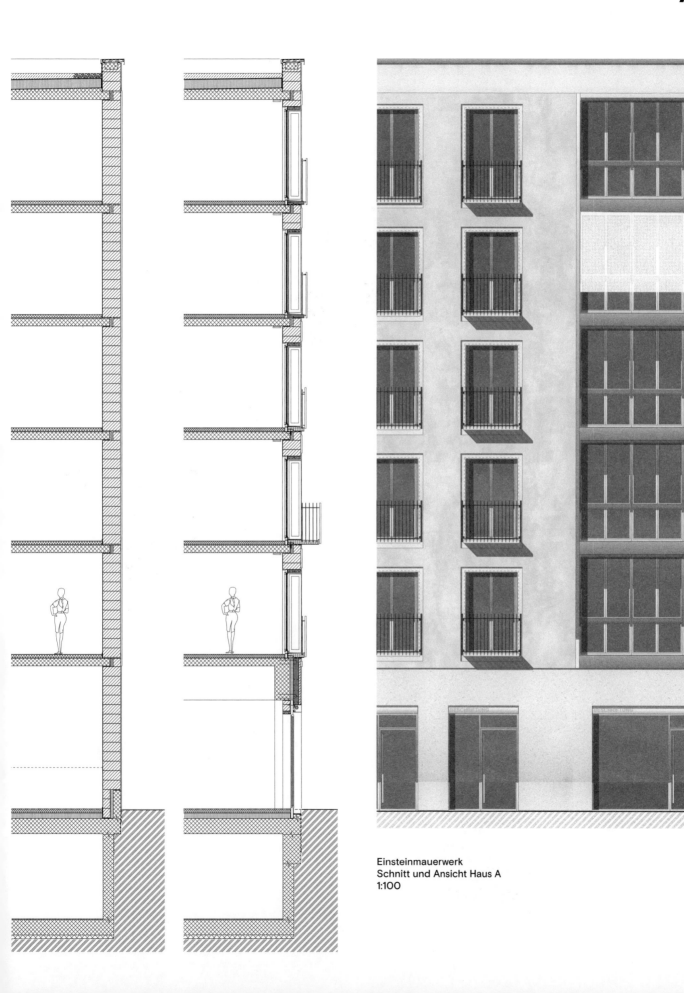

Einsteinmauerwerk
Schnitt und Ansicht Haus A
1:100

Das Haus mit den Clusterwohnungen präsentiert sich kräftig zum Hunziker-Platz. Große Verglasungen liegen vor den gemeinschaftlichen Flächen, die individuellen Wohneinheiten haben französische Fenster und kleine Balkone.

Vor dem Bezug bespielten Duplex Architekten die Clusterwohnungen mit ausgeliehenen Möbeln, um die unterschiedlichen Möglichkeiten der Aneignung zu zeigen.

DUPLEX ARCHITEKTEN
HAUS M

	Genossenschaftsstrasse 16
Architektur	Duplex Architekten, Zürich
Nutzung	5 Wohnungen mit 6½ Zimmern; 5 Wohnungen mit 5½ Zimmern; 10 Wohnungen mit 4½ Zimmern; 5 Wohnungen mit 3½ Zimmern; 4 Studios; Kita; Heilpädagogische Schule
Konstruktion	Einsteinmauerwerk verputzt
Gebäudetechnik	Abluftanlage mit Fassadenüberströmern und Wärmerückgewinnung, thermische Kollektoren, Erdregister
Spezialität	Großer Innenhof über Eingangsbereich der Kindertagesstätte mit Glasbausteinlichtkuppeln
Geschossfläche	6.484 m²
Nutzfläche Wohnen	3.097 m²
Nutzfläche Gewerbe/ Gemeinschaft	826 m²
Volumen	20.910 m³

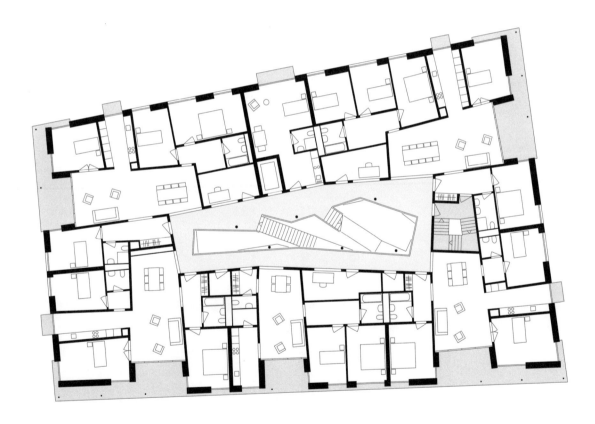

N

Grundriss Regelgeschoss
1:300

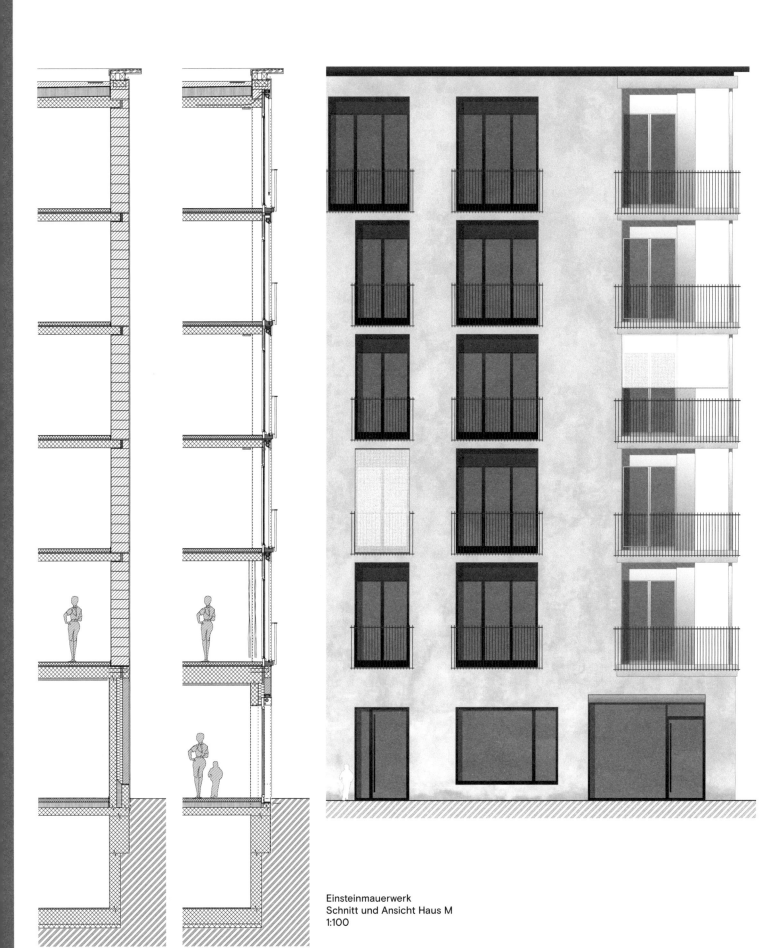

Einsteinmauerwerk
Schnitt und Ansicht Haus M
1:100

„Gebauter Piranesi" nannte die Zeitschrift
Hochparterre die Treppenlandschaft.
Unter den Glasbausteinkalotten liegt der
Empfangsraum der Kindertagesstätte.

MIROSLAV ŠIK
HAUS B

	Dialogweg 3
Architektur	Architekturbüro Miroslav Šik, Zürich
Nutzung	10 Wohnungen mit 5½ Zimmern; 13 Wohnungen mit 4½ Zimmern; 4 Wohnungen mit 3½ Zimmern; 5 Wohnungen mit 2½ Zimmern; 2 Studios; 2 Arbeitszimmer; Büro; Psychotherapeutische Praxis
Konstruktion	Massivbauweise, Kompaktfassade, Hochparterre ohne Untergeschoss
Gebäudetechnik	Dezentrale Bedarfslüftung mit Wärmerückgewinnung
Spezialität	Linearer Erschließungsraum mit sechs Lichtschächten, reines Wohnhaus
Geschossfläche	5.236 m²
Nutzfläche Wohnen	3.413 m²
Nutzfläche Gewerbe/ Gemeinschaft	41 m²
Volumen	16.598 m³

 N

Grundriss Regelgeschoss
1:300

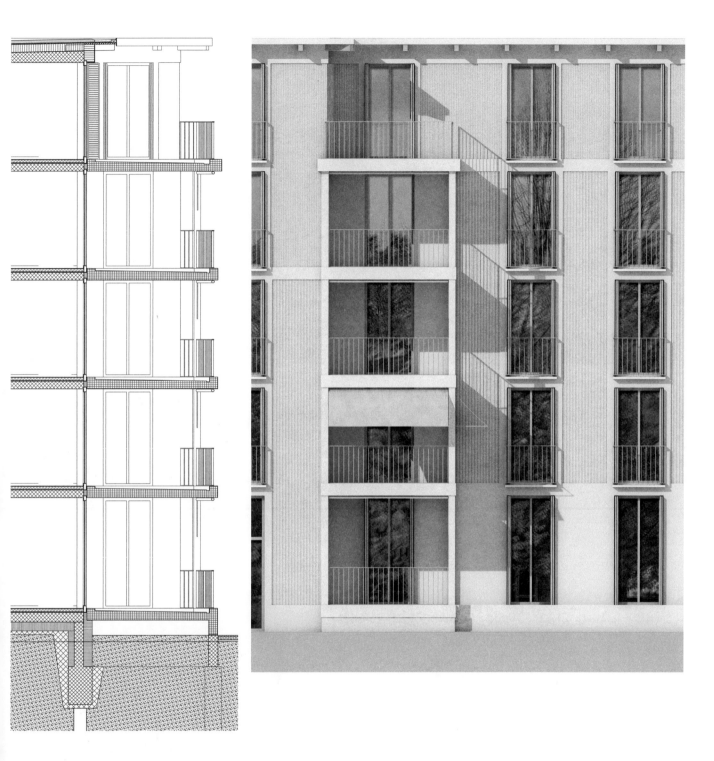

Kompaktfassade, nicht unterkellert
Ansicht und Schnitt Haus B
1:100

Sechs kleine Lichtschächte gliedern den langen Erschließungsraum und schaffen private Vorzonen vor den Wohnungseingängen. Ein Fenster im Korridor erlaubt Einblicke ins Private.

MIROSLAV ŠIK
HAUS C

	Dialogweg 7
Architektur	Architekturbüro Miroslav Šik, Zürich
Nutzung	1 Wohnung mit 9 ½ Zimmern; 22 Wohnungen mit
	3 ½ Zimmern; 12 Wohnungen mit 2 ½ Zimmern; Tanz- und
	Yogastudio; Nagel-Studio; Kinderkrippe; 2 Allmendräume
Konstruktion	Massivbauweise, Kompaktfassade
Gebäudetechnik	Abluftanlage mit Fassadenüberströmern
Spezialität	Kleinwohnungen mit innen liegenden Waschküchen,
	Abstellräumen und Gemeinschaftsraum
Geschossfläche	5.447 m²
Nutzfläche Wohnen	2.847 m²
Nutzfläche Gewerbe/	
Gemeinschaft	355 m²
Volumen	17.473 m³

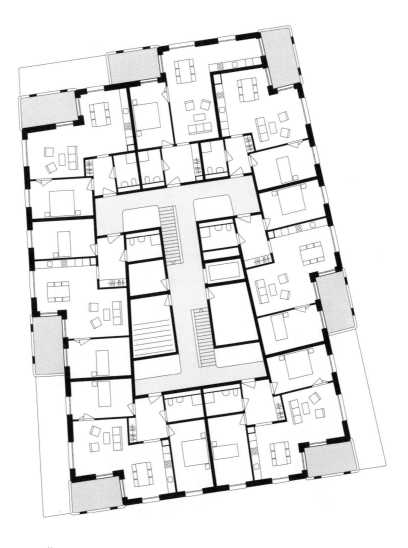

N

Grundriss Regelgeschoss
1:300

Kompaktfassade
Ansicht und Schnitt Haus C
1:100

Das Haus mit ausschließlich kleineren Wohnungen begrenzt den Hunziker-Platz im Westen. Im Erdgeschoss ist eine Pflegewohngruppe vorbereitet. Vorerst nutzt eine Kindertagesstätte die Räume mit einer großen vorgelagerten Grünzone zum Riedbach.

MIROSLAV ŠIK
HAUS K

	Genossenschaftsstrasse 18
Architektur	Architekturbüro Miroslav Šik, Zürich
Nutzung	3 Wohnungen mit 8 1/2 Zimmern; 2 Wohnungen mit 9 1/2 Zimmern; 3 Wohnungen mit 6 Zimmern; 6 Wohnungen mit 5 Zimmern; 6 Wohnungen mit 4 1/2 Zimmern; 4 Arbeitszimmer; Take-away; Grafikatelier, Malereiwerkstatt; 2 Allmendräume
Konstruktion	Massivbauweise, Kompaktfassade, kein Untergeschoss
Gebäudetechnik	Abluftanlage mit Fassadenüberströmern
Spezialität	Zwei große Lichthöfe, zweigeschossige Maisonetten für Wohngemeinschaften
Geschossfläche	5.453 m²
Nutzfläche Wohnen	3.014 m²
Nutzfläche Gewerbe/ Gemeinschaft	630 m²
Volumen	17.681 m³

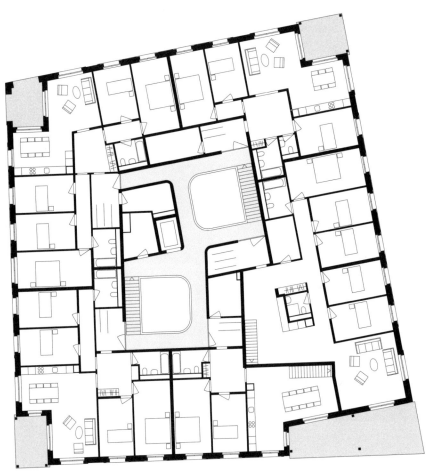

 N

Grundriss Regelgeschoss
1:300

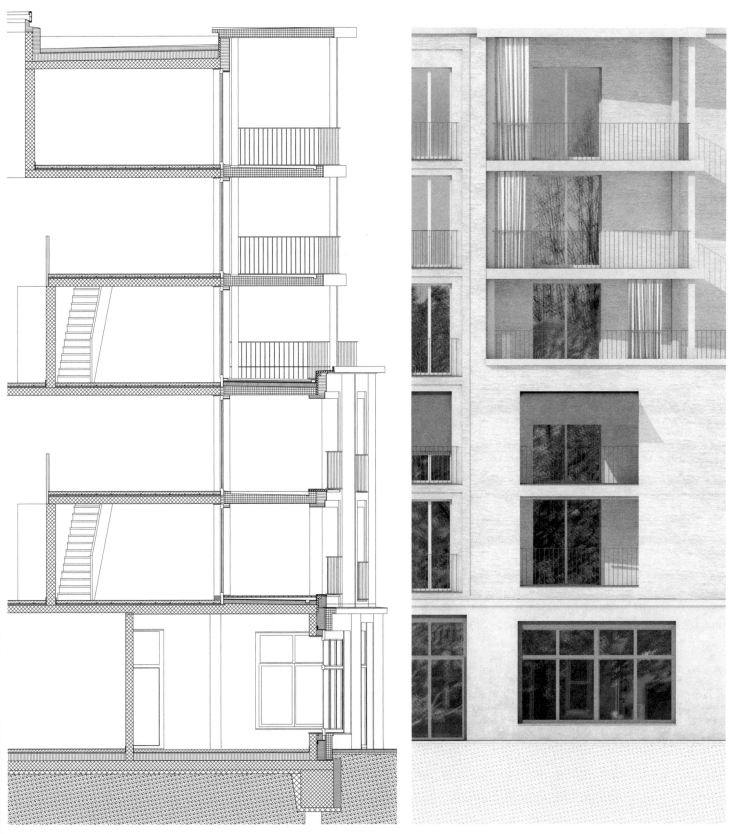

Kompaktfassade
Schnitt und Ansicht Haus K
1:100

In der Südwestecke sind drei zweigeschossige Großwohnungen ineinander verschränkt.

Die Wohnungen entwickeln sich in der Diagonalen von den zwei verbundenen Treppenhallen bis auf die Balkone in den Gebäudeecken.

MÜLLER SIGRIST ARCHITEKTEN
HAUS D

	Dialogweg 11
Architektur	Müller Sigrist Architekten, Zürich
Nutzung	4 Wohnungen mit 5 1/2 Zimmern; 16 Wohnungen mit 4 1/2 Zimmern; 4 Wohnungen mit 3 Zimmern; 6 Wohnungen mit 3 1/2 Zimmern; 2 Wohnungen mit 2 Zimmern; 2 Wohnungen mit 2 1/2 Zimmern; 4 Studios; Bäckerei; Kultursalon
Konstruktion	Massivbauweise, Kompaktfassade
Gebäudetechnik	Abluftanlage mit Fassadenüberströmern
Spezialität	Split-Level versetzte Geschosse mit überhohen Wohnräumen
Geschossfläche	6.066 m²
Nutzfläche Wohnen	3.361 m²
Nutzfläche Gewerbe/ Gemeinschaft	515 m²
Volumen	19.815 m³

N

Grundriss Regelgeschoss
1:300

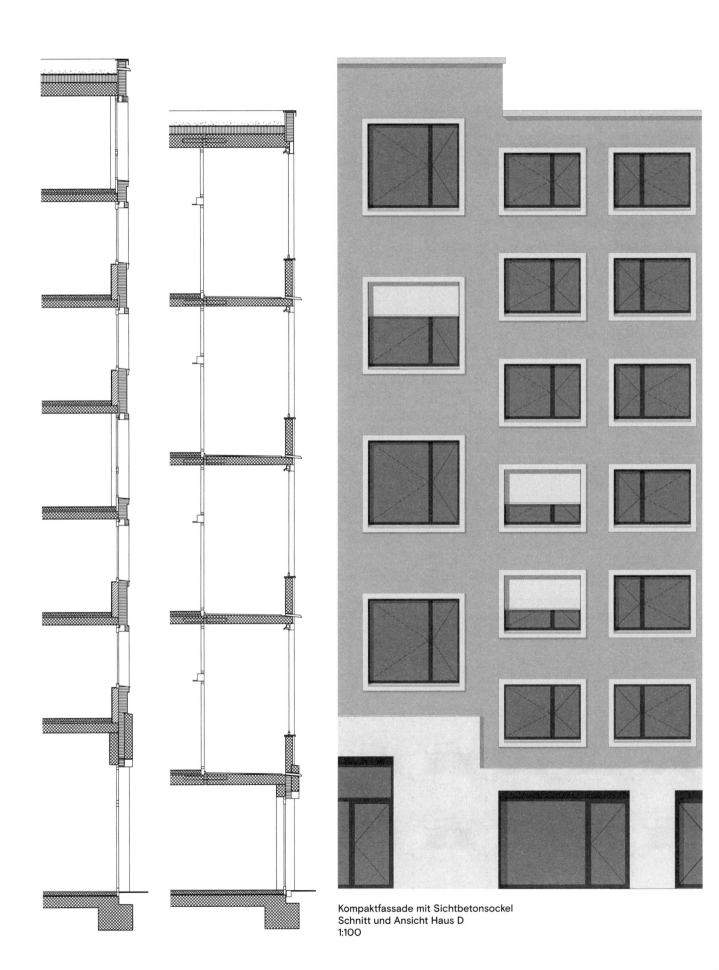

Kompaktfassade mit Sichtbetonsockel
Schnitt und Ansicht Haus D
1:100

Eine raffinierte Split-Level-Erschließung ermöglicht anderthalbgeschossige Wohn-/Ess-/Loggiazonen in fast jeder Wohnung.

Das Spiel mit den halbgeschossigen Versätzen beginnt in der Eingangs-halle und den Gewerberäumen im Erdgeschoss.

MÜLLER SIGRIST ARCHITEKTEN
HAUS E

	Hagenholzstrasse 104 a/b
Architektur	Müller Sigrist Architekten, Zürich
Nutzung	5 Wohnungen mit 6 1/2 Zimmern; 15 Wohnungen mit
	4 1/2 Zimmern; 10 Wohnungen mit 3 1/2 Zimmern; Gästehaus;
	Geschäftsstelle der Genossenschaft; Restaurant
Konstruktion	Massivbauweise, vorgehängte Holzfassade
Gebäudetechnik	Abluftanlage mit Fassadenüberströmern
Spezialität	Eingangshalle, Rezeption, Hotel, vertikaler Garten
Geschossfläche	6.557 m²
Nutzfläche Wohnen	3.043 m²
Nutzfläche Gewerbe/	
Gemeinschaft	1.117 m²
Volumen	21.115 m³

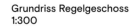

N

Grundriss Regelgeschoss
1:300

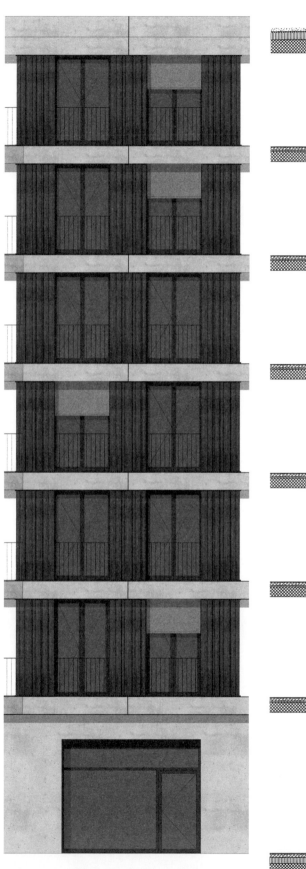

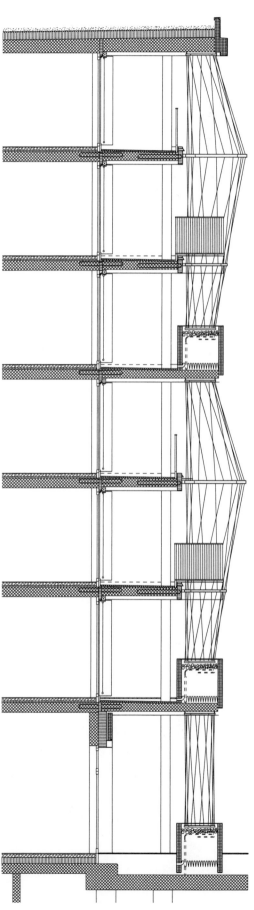

Hinterlüftete Holzfassade/Massivbauweise
Schnitt und Ansicht Haus E
1:100

Pflanztröge auf den vor- und rückspringenden Balkonen werden zum siebengeschossigen, vertikalen Garten.

Ein Rücksprung in der Fassade zur Hagen-holzstrasse ermöglicht Wohnungen, die sich durch das 20 Meter tiefe Gebäude entwickeln.

MÜLLER SIGRIST ARCHITEKTEN
HAUS H

	Genossenschaftsstrasse 5/7
Architektur	Müller Sigrist Architekten, Zürich
Nutzung	Je 15 Wohnungen mit 4 1/2 Zimmern; 3 Wohnungen mit
	3 1/2 Zimmern; 5 Zusatzzimmer mit Bad; 4 Kindergärten
Konstruktion	Massivbauweise, Kompaktfassade
Gebäudetechnik	Abluftanlage mit Fassadenüberströmern
Spezialität	Abfangdecke über Kindergarten im Erdgeschoss
Geschossfläche	5.333 m²
Nutzfläche Wohnen	2.917 m²
Nutzfläche Gewerbe/	
Gemeinschaft	565 m²
Volumen	17.461 m³

N

Grundriss Regelgeschoss
1:300

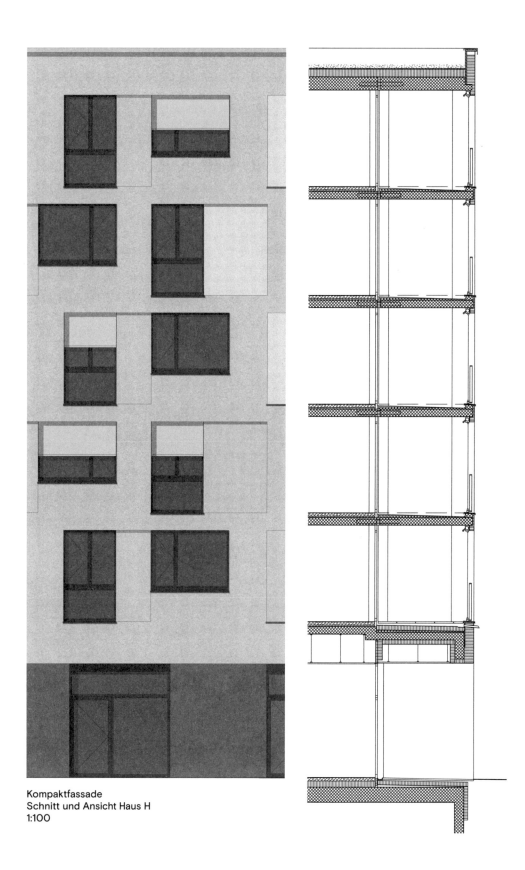

Kompaktfassade
Schnitt und Ansicht Haus H
1:100

Ein Relief mit unterschiedlichen Putz-
tiefen und Strukturen gliedert das
Haus mit Familienwohnungen und dem
Kindergarten im Erdgeschoss.

FUTURAFROSCH
HAUS F

	Hagenholzstrasse 106
Architektur	Futurafrosch, Zürich
Nutzung	1 Wohnung mit 7½ Zimmern; 6 Wohnungen mit
	5½ Zimmern; 11 Wohnungen mit 4½ Zimmern;
	6 Wohnungen mit 3½ Zimmern; 5 Wohnungen mit
	2½ Zimmern; 6 Arbeitszimmer; Coiffeursalon;
	Make-up-Akademie; Allmendraum
Konstruktion	Massivbauweise, Kompaktfassade
Gebäudetechnik	Bedarfslüftung mit Wärmerückgewinnung
Spezialität	Vertikale Terrassenlandschaft über Sockel
Geschossfläche	5.215 m²
Nutzfläche Wohnen	2.894 m²
Nutzfläche Gewerbe/	
Gemeinschaft	393 m²
Volumen	16.742 m³

 N

Grundriss Regelgeschoss
1:300

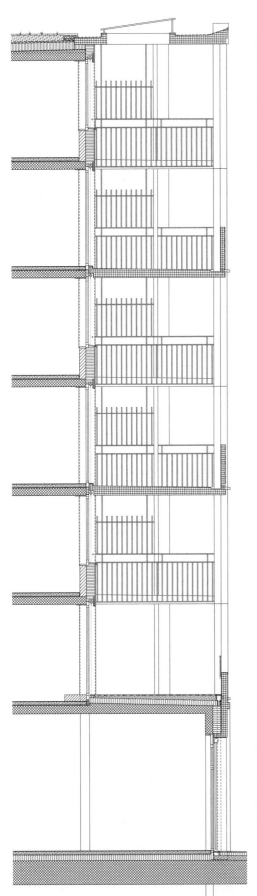

Kompaktfassade mit Balkonschicht
aus vorfabrizierten Betonelementen
Schnitt und Ansicht Haus F
1:100

Die versetzten Balkone geben jeder Wohnung ein zwei-geschossiges Gartenzimmer. Dahinter liegen streng zonierte Grundrisse mit einer Zimmerschicht zur Hagen-holzstrasse.

	Dialogweg 2
Architektur	Futurafrosch, Zürich
Nutzung	Wohnatelier, 5 Clusterwohnungen mit 8 1/2 bis 13 1/2 Zimmern; 7 Wohnungen mit 3 1/2 Zimmern; 8 Wohnungen mit 4 1/2 Zimmern; Zusatzzimmer mit Bad; Arbeitszimmer; Musikraum; Wohnung Stiftung ZKJ; Wohnungen Stiftung Züriwerk; Meditationsstudio; Büro
Konstruktion	Innen unverkleidete, massive Holzbauweise um massiven Kern, vorgehängte Eternitfassade
Gebäudetechnik	Bedarfslüftung mit Wärmerückgewinnung, aktive Überströmer
Spezialität	Drei Lichthöfe im Erschließungskern, Clustertypologie für Familienwohnungen und Wohngruppen, Musikübungsräume, Hochparterre zum Andreaspark
Geschossfläche	5.135 m²
Nutzfläche Wohnen	3.063 m²
Nutzfläche Gewerbe/ Gemeinschaft	142 m²
Volumen	16.201 m³

 N

Grundriss Regelgeschoss
1:300

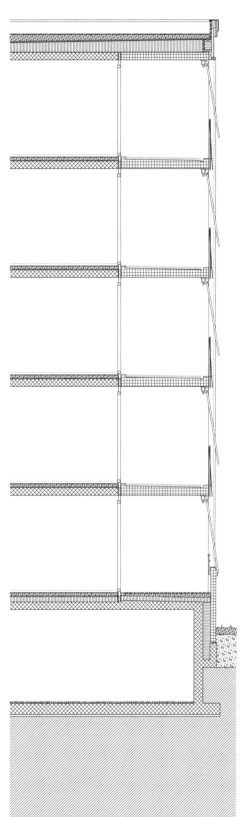

Holz-/Beton-Hybridbauweise
Schnitt und Ansicht Haus I
1:100

Clustertypologie als Konstruktionsprinzip: Die Treppenhäuser und die gemeinschaftlichen Flächen der Wohnungen bilden den „harten Kern". In sieben Holztürmen befinden sich die Individual- räume, eine Eternitfassade umschliesst diese Struktur.

POOL ARCHITEKTEN
HAUS G

	Genossenschaftsstrasse 13
Architektur	pool Architekten, Zürich
Nutzung	3 Wohnungen mit 12½ Zimmern; 2 Wohnungen mit 6½ Zimmern; 6 Wohnungen mit 5½ Zimmern; 16 Wohnungen mit 4½ Zimmern; 3 Zusatzzimmer mit Bad; 3 Arbeitszimmer; Geigenbauatelier; Masteringstudio; Ausstellungsraum; Mobilitätsstation; Musikübungsraum; 4 Allmendräume
Konstruktion	Monolithischer Dämmbeton
Gebäudetechnik	Abluftanlage mit Fassadenüberströmern, Retentionsbecken für Regenwassernutzung in vier Häusern
Spezialität	Sauna, Dachterrasse, Gemeinschaftstiefkühlanlage, Musikstudio und Übungsräume
Geschossfläche	7.519 m²
Nutzfläche Wohnen	3.869 m²
Nutzfläche Gewerbe/ Gemeinschaft	742 m²
Volumen	24.196 m³

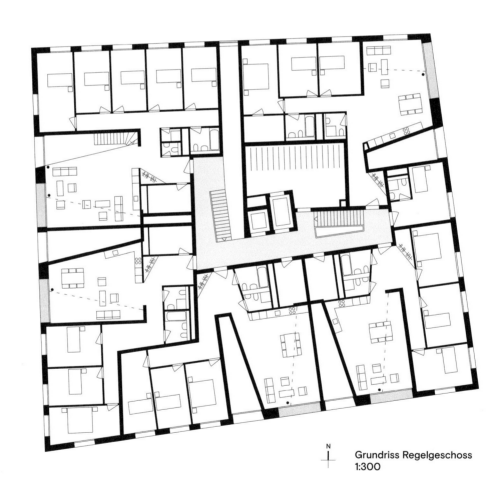

N

Grundriss Regelgeschoss
1:300

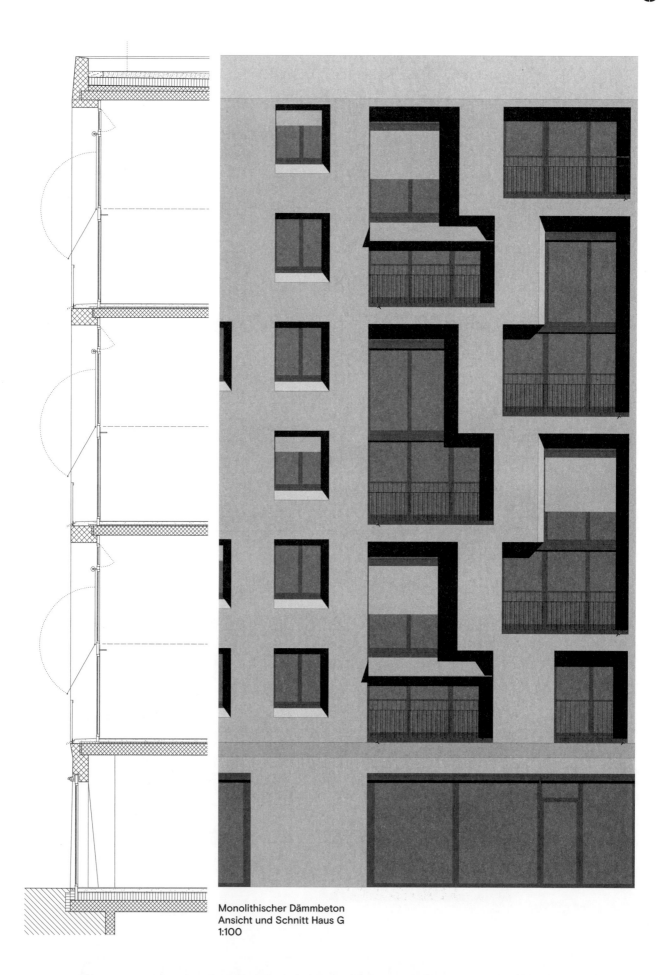

Monolithischer Dämmbeton
Ansicht und Schnitt Haus G
1:100

Der Betonmonolith definiert jede Wohnung
im Rohbau. Die weiteren Unterteilungen sind
Möbel und Leichtbauwände.

POOL ARCHITEKTEN
HAUS J

	Genossenschaftstrasse 11
Architektur	pool Architekten, Zürich
Nutzung	4 Wohnungen mit 5½ Zimmern; 10 Wohnungen mit 4½ Zimmern; 8 Wohnungen mit 3½ Zimmern; 2 Studios; Kunsttherapeutische Praxis; Hauswart; Redaktionsbüro; Kinderkleiderbörse; Büro
Konstruktion	Innen unverkleidete, massive Holzbauweise, vorgehängte Eternitfassade
Gebäudetechnik	Abluftanlage mit Fassadenüberströmern
Spezialität	Zweigeschossige Orangerie in Südwestecke, offener Innenhof
Geschossfläche	4.021 m²
Nutzfläche Wohnen	2.156 m²
Nutzfläche Gewerbe/ Gemeinschaft	438 m²
Volumen	13.391 m³

 N

Grundriss Regelgeschoss
1:300

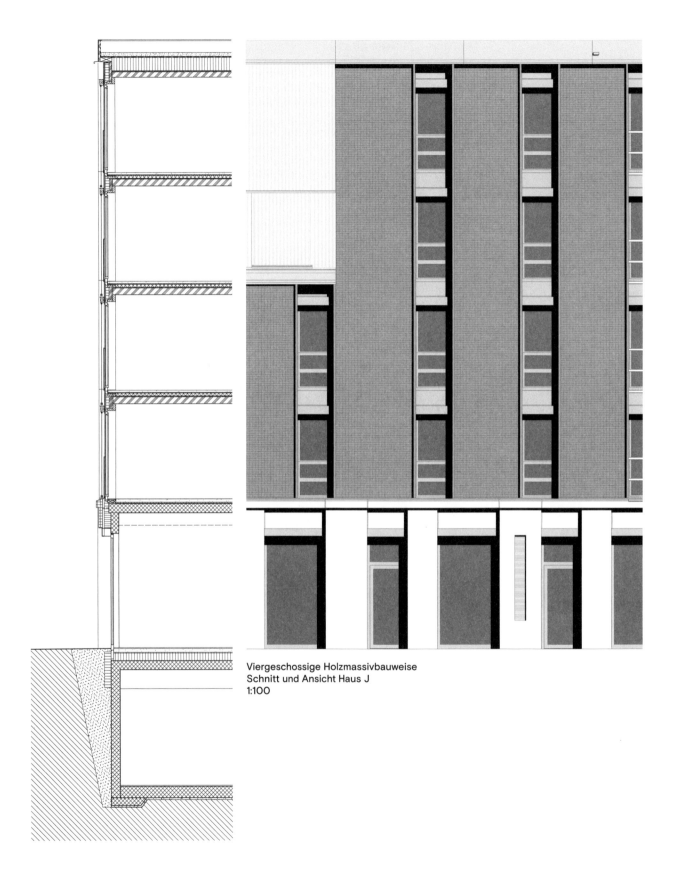

Viergeschossige Holzmassivbauweise
Schnitt und Ansicht Haus J
1:100

Die zweigeschossige Orangerie kompensiert die Lage im Schatten des großen Betonbruders und die fehlenden individuellen Balkone mit einem lichtdurchfluteten gemeinschaftlichen Raum in der Südwestecke.

POOL ARCHITEKTEN
HAUS L

	Hagenholzstrasse 108 a/b
Architektur	pool Architekten, Zürich
Nutzung	2 Wohnateliers; 15 Wohnungen mit 4½ Zimmern; 10 Wohnungen mit 3½ Zimmern; 18 Wohnungen mit 2½ Zimmern; Igelzentrum; Psychologische Praxis; Büro/Atelier
Konstruktion	Massivbauweise, Kompaktfassade, kein Untergeschoss
Gebäudetechnik	Abluftanlage mit Fassadenüberströmern
Spezialität	Wohnateliers in den Sockelgeschossen
Geschossfläche	5.839 m²
Nutzfläche Wohnen	3.450 m²
Nutzfläche Gewerbe/ Gemeinschaft	501 m²
Volumen	18.257 m³

N

Grundriss Regelgeschoss
1:300

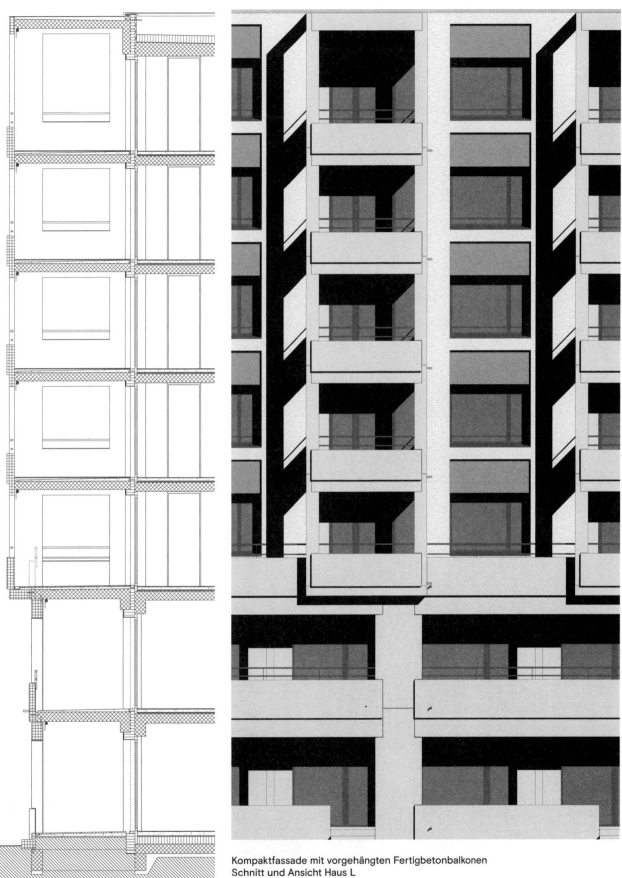

Kompaktfassade mit vorgehängten Fertigbetonbalkonen
Schnitt und Ansicht Haus L
1:100

Unten große Loggien vor Wohn- und Arbeitsateliers, darüber Balkontürme. Ein Skelett aus vorfabrizierten Betonelementen verankert den mächtigen Baukörper und bietet jeder Wohnung ein Außenzimmer.

GESPRÄCH PARTIZIPATION
PARTIZIPATION FÜHRT ZU IDENTIFIKATION

TEXT UND GESPRÄCHSLEITUNG
Margrit Hugentobler MH

TEILNEHMENDE
Jürg Altwegg JA
Corinna Heye CH
Monika Sprecher MS
Claudia Thiesen CT

Die Gesprächsrunde mit Jürg Altwegg, Corinna Heye, Monika Sprecher und Claudia Thiesen vereint „Partizipationsprofis" mit reichen Erfahrungen aus der Planung und Umsetzung von neueren genossenschaftlichen Wohnbauprojekten.[1] Zur Diskussion stehen die unterschiedlichen Vorgehensweisen und Inhalte partizipativer Prozesse und das, was aus ihnen gelernt werden konnte.

1
Jürg Altwegg war Projektleiter der Mehrgenerationensiedlung „Giesserei" der GESEWO in Winterthur, wo er auch wohnt. Corinna Heye war Teilnehmerin und Leiterin der Arbeitsgruppe „soziale Durchmischung" im Partizipationsprozess 2010 – 2011 des Wohn- und Gewerbebaus Kalkbreite; sie wohnt in der Genossenschaft Dreieck. Claudia Thiesen war in verschiedenen Funktionen an der Entstehung von Siedlungen der Genossenschaft Kraftwerk1 beteiligt; sie wohnt gegenwärtig in einer Clusterwohnung der Mehrgenerationensiedlung Heizenholz. Monika Sprecher ist seit 2009 Geschäftsführerin der Baugenossenschaft „mehr als wohnen" und war vorher Geschäftsführerin der Zürcher Sektion des Dachverbands Wohnbaugenossenschaften Schweiz. Sie lebt in einer ABZ-Siedlung.

→
Für weitere Angaben zur Gesprächsrunde vgl. die Kurzbiografien am Ende des Buchs.

Ein Idealrezept für Mitbeteiligung und Mitbestimmung gibt es nicht, weder in der Planung noch in der Betriebsphase. Neue Formen der Mitbeteiligung in der Planungs- und Betriebsphase bergen jedoch ein großes Potenzial.

MH *Bei der Entwicklung eurer Siedlungen fanden schon in der Planungsphase vielfältige Prozesse der Mitwirkung statt. Wie wurden sie gestaltet?*

JA In Winterthur suchte die GESEWO mit einem Inserat in den Lokalzeitungen Interessierte für ein Mehrgenerationenprojekt. Eine kleine Gruppe von 15 Personen formulierte Ziele: Nahe am Zentrum, beschaulich und mit 25 Wohneinheiten eher klein sollte es sein. Ein Verein mit Arbeitsgruppen Freiwilliger wurde gegründet. Bald zeigte sich, dass Zentrumsnähe keine Option war: Neu auf dem Markt war eine Parzelle auf dem Sulzerareal mit 11.000 m² Fläche. Das bedeutete Platz für 120 bis 130 Wohneinheiten und damit auch günstigere Mieten.

Der Verein wählte eine Baukommission aus externen Fachleuten und Vorstandsmitgliedern der GESEWO, die die Interessen der Bewohnerschaft vertraten. Dort, wo Input wichtig schien, legte die Baukommission der Mitgliederversammlung drei bis vier Varianten vor. Die Baukommission erstellte dann gemeinsam mit dem Entwickler ein Raumprogramm als Basis für den Architekturwettbewerb. Gesucht war eine Lösung, die es auch zu einem späteren Zeitpunkt erlauben würde, den Wohnungsmix zu verändern. Der ursprünglich geplante Mix wäre kaum passend gewesen, auch weil das Projekt nun viel größer war. Die Wohnungen wurden dadurch unterschiedlicher.

CT Im Heizenholz war es ähnlich wie in der Giesserei. Die Genossenschaft Kraftwerk1 hatte früh beschlossen, weiter wachsen zu wollen. Man versuchte, das bei der ersten Siedlung gewonnene Know-how zu übernehmen. Eine erfahrene Verwaltung und wissenschaftliche Evaluationen bestanden bereits. Heizenholz war bezüglich der Größe nicht ideal, bot jedoch die Chance, mit einem kleinen Projekt die Projektentwicklung der Genossenschaft zu professionalisieren. Man wollte früh definieren, bei welchen Themen Mitbestimmung gewährt werden und wo es nur Mitsprache und Information geben sollte.

Corinna Heye (links)
Margrit Hugentobler (rechts)

Jürg Altwegg (links)
Claudia Thiesen (rechts)

Monika Sprecher

Zur ersten Informationsveranstaltung kamen sehr viele ältere Menschen. Sie wollten ein Projekt mit Schwerpunkt „Wohnen im Alter", allerdings unbedingt Mehrgenerationenwohnungen statt eines Altersghettos planen. Bald stellte sich die Frage: Was entscheidet die Gruppe der Interessierten, und was nicht? Themen des Zusammenlebens, der Gemeinschaft, des Wohnungsmixes und der Durchmischung konnten diskutiert werden. Die Ergebnisse bezüglich Wohnungsmix flossen ins Wettbewerbsprogramm ein. Die Mitbestimmung bezog sich auch auf den Außenraum, die gemeinschaftlich genutzten Räume, die Mobilität. Zwei Mitglieder der Gruppe hatten Stimmrecht in der Planungskommission. Ausbaustandards, Materialisierung, Farbgestaltung und die Wirtschaftlichkeitsrechnung waren jedoch Sache der Planungskommission unter Einbezug externer Fachleute.

CH   Der Wohn- und Gewerbebau Kalkbreite wurde von Anfang an gemeinsam mit dem Quartier entwickelt. Schon sehr früh fanden regelmäßig Informationsveranstaltungen statt. Es ging im gesamten Prozess immer wieder darum, unsere Ideen zu spiegeln und die Stimmung des Quartiers auszuloten. Es wurden gezielt auch Leute eingeladen, die einen Input geben konnten. Der Wohnungsmix beispielsweise wurde nach dem Wettbewerb aufgrund von Befragungen massiv angepasst. Des lärmbelasteten Standorts wegen waren ursprünglich relativ wenige 4½-Zimmer-Wohnungen für Familien geplant. Viele Paare wollten jedoch später als Familien einziehen.

Ein Element der Partizipation war auch der öffentliche Wettbewerb: 55 Büros nahmen teil. Damit änderte sich das Projekt nochmals stark. Schließlich wurde ein Drittel mehr Fläche bebaut, als ursprünglich geplant. Speziell ist hier, dass der Gestaltungsplan erst nach dem Wettbewerb gemacht wurde.

Die Baukommission wurde nach dem Wettbewerb gegründet. Eine weitere Gruppe sollte ein Nutzungskonzept erarbeiten. Der Prozess wurde von der Nutzungskommission, in der Personen aus Vorstand, Geschäftsstelle und Projektleitung waren, begleitet von einer Fachperson, gut organisiert. Um Mitglied einer Arbeitsgruppe zu werden, musste man erklären, was man einbringen konnte. Es gab Arbeitsgruppen zu sozialer Durchmischung, Wohnen mit

Kindern, Wohnen im Alter, Clusterwohnungen, Außenraum etc. Immer wieder fanden Veranstaltungen mit 30 bis 60 Interessierten statt, an denen die Ergebnisse der verschiedenen Arbeitsgruppen vorgestellt und diskutiert wurden. Diese Aushandlungsprozesse zwischen den Gruppen waren zielführend und konstruktiv. Dadurch verstärkte sich die Beziehung zur Kalkbreite. Am Ende zogen rund 30 Prozent der vorher beteiligten Personen ein.

Dann wurde der Prozess stärker geschlossen. Es gab drei Arbeitsgruppen, die das Vermietungs- und Organisationsreglement, den Gemeinrat – also die Mitwirkung und nach Bezug die Selbstverwaltung des Wohn- und Gewerbebaus Kalkbreite – weitergeführt haben.

MS   Ja, es gibt Ideen und Projekte, die zu Beginn ganz klar gesetzt sind. Bei „mehr als wohnen" war dies unter anderem ein Haus mit kleinen Wohnungen für ältere Menschen. Die Idee entwickelte sich jedoch in eine ganz andere Richtung. Am Anfang hieß es 50+, dann 60+. Doch auch noch ältere Menschen fanden ein Haus spannender, in dem etwas los ist. Heute gibt es in allen Häusern viele ältere Menschen, und wir haben außer im Satellitenwohnhaus überall einen sehr breiten Wohnungsmix. Nun gibt es insgesamt 370 Wohneinheiten mit mehr als 160 verschiedenen Wohnungsgrundrissen. Das ist ein bisschen verrückt. Der Mix ist jedoch so breit, dass jeder eine Wohnform finden kann.

CT   In der Gruppe „Nutzung" wurde dieser Wohnungsmix intensiv diskutiert. Man nahm Ideen von Kraftwerk1 auf und schaute, was die Kalkbreite macht. Zudem planten fünf verschiedene Architekturbüros 13 Häuser, und daraus ergab sich automatisch eine größere Vielfalt.

CH   Auch die Wohnungsvergabe ist wichtig. Für die Kalkbreite wurde ein Online-Anmeldungstool entwickelt, um die Vergabe besser kontrollieren zu können. Für den Vermietungsprozess in „mehr als wohnen" wurde das Online-Tool überarbeitet. Es ging darum, die Erstvermietung im Griff zu haben und Dinge wie Alter und Durchmischung kontrollieren zu können – was die Genossenschaft ja letztlich definiert.

CT Es gilt noch etwas anderes zu bedenken: In der Giesserei, in Heizenholz und in der Kalkbreite reden Leute mit, die ein persönliches Interesse an diesem Prozess haben. Bei „mehr als wohnen" waren viele Fachpersonen und Interessierte involviert. Dann wurde gebaut, aber nun ziehen ja ganz verschiedene Leute ein. Da stellt sich schon die Frage: Was ist Partizipation? Wenn ich diskutiere, wie eine Clusterwohnung funktioniert, in der ich selbst lebe, frage ich mich, ob eine Migrantenfamilie, die später einzieht, das auch so sieht. Wer denkt bei diesen Prozessen für die mit, die in der Planung noch nicht vertreten sind?

MH *Kann man also von einer neuen Herausforderung für die Fachleute der Planung und Architektur ausgehen?*

CT Man sollte früh in der Planungsphase diskutieren. Wir versuchten für das „Zwicky-Süd"-Projekt vorauszudenken, wie man Wohnungen zusammenschließen, Gemeinschaftsräume durch WGs mitnutzen und insgesamt viele Möglichkeiten schaffen kann. Die Bewohnerschaft kann das dann weiterspinnen. Unsere Haltung ist, dass die Menschen mobil sind, und nicht die Wände. Es geht um die Entwicklung von Szenarien und deren räumliche und bauliche Umsetzung.

CH Ja, in der Kalkbreite sagte die Gruppe „Wohnen mit Kindern": Wir ziehen in die Kalkbreite, nicht in eine bestimmte Wohnung. Nach der Familienphase erfolgt der Wechsel in eine kleinere Wohnung.

MS Bei „mehr als wohnen" waren seit Beginn 35 Wohnbaugenossenschaften mit sehr unterschiedlichen Hintergründen involviert. Sie und viele Fachleute hatten schon im Rahmen des Wettbewerbs mitdiskutiert. Im Jahr 2008, vor dem Wettbewerb, wurden Gruppen gebildet, die sich mit den Themen „Ökologie/Nachhaltigkeit", „Nutzung" und „Ökonomie" intensiv auseinandersetzten. Eine Themenkonferenz fasste alles zusammen. Die Wettbewerbsausschreibung basierte auf diesen Grundlagen. Auch die ausgewählten Architektenteams mussten nach dem Entscheid in einer Dialogphase zusammenarbeiten, was sicher nicht ganz einfach war. Dann gab es „Echoräume", in denen zukünftige Bewohnerinnen und Bewohner, aber auch Fachleute mitreden konnten. Die Partizipationsformen veränderten sich in der Planungs- und

Bauphase immer wieder. Seit einem halben Jahr gibt es verschiedene Quartiergruppen. Da arbeiten auch Menschen mit, die vorher nicht wussten, ob sie bei uns eine Wohnung bekommen würden.

Breit angelegte Input- und Partizipationsprozesse in der Planungsphase können frühe Konzeptionen der Nutzung einer Siedlung stark verändern, vor allem bei kleineren Projekten. Der angestrebte Wohnungsmix und damit die Vielfalt der Durchmischung wurden oft nach der Wettbewerbsphase noch angepasst – eine Herausforderung für die Architekturbüros und Baukommissionen? Der frühe Einbezug der zukünftigen Bewohnerschaft der Siedlung fördert die Identifikation mit dem Projekt und das Engagement.

MH *Nach Bezug wirken in der Siedlungsgestaltung und im Zusammenleben nicht mehr nur die Leute mit, die sich in der Planungsphase engagiert haben. Vor allem im Projekt „mehr als wohnen" ziehen viele Haushalte ein, die vorher nicht involviert waren. Wie gestalten sich die Beteiligungsformen in euren verschiedenen Projekten?*

MS Im Projekt „mehr als wohnen" gibt es die Allmendkommission und Quartiergruppen. Letztere müssen aus mindestens fünf Personen bestehen, sich einen Namen geben und kurz formulieren, was sie tun möchten und inwiefern das Quartier davon profitieren wird. Die Allmendkommission, die sich aus an den Generalversammlungen gewählten Bewohnerinnen und Bewohnern zusammensetzt, entscheidet dann. Vieles soll offen bleiben und nicht reglementiert werden. Wir haben versucht, einfache Strukturen zu finden. In einem Quartierteil mit 1.400 Menschen kann man nicht wissen, wie die Umsetzung funktionieren wird. Die Praxis wird es zeigen. Im Moment gilt die Haltung: Wenn in den 13 Häusern eine Hausgemeinschaft entsteht, super. Vielleicht gibt es über drei Häuser hinweg eine Familiengemeinschaft, über fünf

Häuser eine Jassgemeinschaft, über zwei Häuser eine Musikgemeinschaft. Vielleicht entsteht auch ganz anderes.

Wir entschieden uns dafür, uns zurückzuhalten, zu beobachten und zu begleiten. Raum und Geld sollen jedoch großzügig zur Verfügung gestellt werden. Wir bieten Hilfe an, wenn danach gefragt wird. Es gibt bereits einige aktive Quartiergruppen, die seit einem halben Jahr und länger an konkreten Projekten arbeiten. In den letzten drei bis vier Monaten hat es richtig angezogen! Es sind nicht nur zukünftige Bewohner und Bewohnerinnen dabei, sondern auch Interessierte aus dem Quartier. Es können auch Menschen mitmachen, die vielleicht eine Sprachbarriere oder eine gewisse Hemmung haben. Das ganz Entscheidende in der Partizipation ist die Anerkennung. Es gibt viele kleine und simple Formen, aber das wird oft vergessen.

CT   Das stimmt, kritisiert wird immer schnell bei solchen Projekten. Es ist sehr wichtig, eine Kultur der Wertschätzung aufrechtzuerhalten.

JA   Das Mitspracherecht in der Giesserei ist sehr umfassend. Die Geschäftsstelle sorgt für den administrativen Teil; alles andere müssen wir – organisiert in Arbeitsgruppen – selbst machen. Bei 240 Personen wäre es hilfreich gewesen, schon früher bessere Strukturen zu etablieren. Dies zeigte sich in der eher unglücklichen Geschichte der bezahlten Teilzeit-Siedlungsassistenz, die früh eingestellt wurde, aber bald wieder kündigte. Die Mitgliederversammlung des Hausvereins beschloss, sie sei zu teuer und werde nicht wirklich gebraucht. Das finde ich sehr schade. Ich bin überzeugt, wir werden diese Funktion später wieder benötigen. Von den Fehlern anderer zu lernen, war das Ziel. Nun stelle ich fest, dass wir die gleichen Fehler auch wieder machen. Ein schmerzlicher Lernprozess.

Die Mitgliederversammlungen finden nun alle zwei Monate statt. Die vorherigen monatlichen Treffen dauerten oft sehr lange, und uns ging die Luft aus. Einige Arbeitsgruppen haben einen Pflichtauftrag, beispielsweise das Technikteam, das sich um Lüftungen, Heizungen etc. kümmern muss. Wenn uns da die Freiwilligen fehlen, müssen wir uns etwas einfallen lassen. Wenn ein Treppenhaus mal nicht so sauber ist, ist es weniger schlimm.

Wir sind vor knapp zwei Jahren eingezogen. Leider wurde das System „Wenn ich jetzt weniger arbeite, zahle ich ein, wenn ich mehr arbeite, erhalte ich Geld" – gekappt. Wenn alle ihre Sollstunden per Ende Jahr mehr oder weniger erfüllt haben, wollen sie nicht mehr das Treppenhaus putzen oder den Saal betreuen. Es gibt starke Vorbehalte gegen die Möglichkeit, in der Giesserei ein bisschen Geld zu verdienen. Ich bin jedoch fast sicher, dass wir wieder zu diesem System zurückkehren werden.

CT   Ich finde es wichtig, dass Minijobs entstehen. Das Treppenhaus für Geld zu putzen kann attraktiv und wichtig sein für einige Menschen im Haus.

CH   In der Kalkbreite sind seit August 2014 alle Wohnungen bezogen. Der monatlich tagende „Gemeinrat" besteht aus der gesamten Bewohnerschaft und den Gewerbetreibenden. Er wurde bereits ein Jahr vor Bezug eingerichtet. Wer eine Idee für die nutzungsoffenen Räume hat, sucht sich weitere Interessierte und stellt im Gemeinrat das Projekt samt Budgetplanung vor. Wird das Projekt angenommen, kann es umgesetzt werden.

Den Betrieb der Kalkbreite leitet die sogenannte „Drehscheibe", die aus fünf Angestellten der Genossenschaft besteht und dem Vorstand und der Geschäftsstelle unterstellt ist. Sie ist für klassische Verwaltungsarbeiten, Hauswartung, die Vermietung der elf Pensionszimmer und der sieben Sitzungszimmer etc. verantwortlich und dient als zentrale Anlaufstelle für die Anliegen der Bewohnerinnen und Bewohner und der Gewerbetreibenden. Da kann es durchaus zu Konflikten kommen: Wer jetzt wirklich was entschieden und zu entscheiden hat, ist noch nicht überall klar. Aktuell gab es eine Umfrage bei Bewohnerschaft und Gewerbetreibenden, welche Dienstleistungen sie von der Drehscheibe erwarten. Im Gegenzug wurde diese nach der Einschätzung ihrer Kernaufgaben befragt. Da gibt es ganz normale Anfangsschwierigkeiten, die wohl auch die größten Fallstricke der Partizipation sind. Es sollte immer klar sein, wer was wann entscheiden kann und was eben auch nicht. Dies in die Praxis umzusetzen, ist eine der größten Herausforderungen im Prozess.

CT   Im Hardturm, der ersten Kraftwerk1-Siedlung, haben wir in 14 Jahren im positiven wie im negativen Sinn die Erfahrung gemacht, dass sich Bewohner und Bewohnerinnen immer wieder neu aufraffen, sich andere Formen der Organisation geben und sich die Schwerpunkte des Engagements verschieben.

Heizenholz, die zweite Siedlung, ist ein viel kleineres Projekt mit nur 93 Personen, einschließlich der Kinder. Das hat einen sehr positiven Einfluss auf die Partizipation und die Haltung einzelner. Sobald feststand, wer einzieht, organisierten wir ein Wochenende in den Bergen. Dort wurden die wichtigsten Dinge ausdiskutiert und im Hausbuch aufgeschrieben, das an der Gründungsversammlung verabschiedet wurde. Man wollte damit Treffen mit langwierigen Diskussionen vermeiden. Nun gibt es viermal im Jahr eine Hausversammlung, die allerdings nur zwei Stunden dauert. Es funktioniert ziemlich gut. Geht mal etwas schief und es ergeben sich Konflikte, setzt man sich auseinander. Ich glaube, im Heizenholz und im Hardturm haben wir es geschafft, uns eine Art Diskussionskultur anzueignen. Für Partizipationsprozesse ist es wichtig, die Leute darauf vorzubereiten, was sie erwartet.

Formen und Strukturen der Mitsprache und Mitgestaltung im Betrieb sind äußerst vielfältig und unter anderem von der Größe der Siedlung abhängig. Klar definierte Beteiligungs- und Entscheidungsmechanismen, geringe Hemmschwellen und Anerkennung sind wichtige Elemente. Konflikte gehören dazu, und von Fehlern, die andernorts gemacht wurden, lässt sich nur bedingt lernen.

MH *In euren Projekten kann sich die Bewohnerschaft an der Ausgestaltung der Wohnsituation und der Gemeinschaft beteiligen – im Gegensatz zu den meisten Mieterinnen und Mietern anderswo. Wie seht ihr die Bedeutung partizipativer Mitwirkung im Wohnen für gesellschaftliche Prozesse der sozialen Teilhabe und des Engagements?*

CH Durch die Partizipationsprozesse entsteht eine starke Identifikation mit dem Projekt, die nie existiert, wenn man einfach nur einzieht. Die Leute sagen: „Ich wohne in der Kalkbreite, nicht einfach in einer Wohnung." Daraus entstehen Gemeinschaft und Solidarität.

CT Ich staune immer wieder, welche sozialen Kompetenzen sich im Lauf eines solchen Wohnprojekts entwickeln. Die Grundhaltung verändert sich.

CH Das Gefühl, gefragt zu werden, löst etwas aus. Im Gespräch mit anderen werden Lernprozesse angestoßen. Zu Beginn hatte die Hälfte der Leute noch nie von einem Gestaltungsplan gehört. Nachher wurde intensiv diskutiert, wie solche Bauprojekte entstehen und weshalb die Realisierung einige Jahre dauert.

CT Genau, man lernt, warum nicht zuerst über die Küchenfarbe verhandelt wird. Es sind auch die wenigen Plattformen, auf denen man über Wohnformen nachdenken kann. Da können sich Gesellschaftsbilder wandeln und das Verständnis für unterschiedlichste Lebensformen wachsen.

MS Die Gesellschaft kann stark beeinflusst werden, weil man durch Partizipation ein „Daheimgefühl" entwickeln kann. Man kommt ins Gespräch und lernt sich kennen. Partizipation ermutigt, mitzureden und sich zu stärken.

JA Einige Leute waren eher schüchtern und zurückhaltend, als sie zu uns kamen. Nun stehen sie vor der Mitgliederversammlung, und man hört ihnen zu. Eine spannende Entwicklung.

Gelungene Partizipationsprozesse können einen wichtigen Beitrag zur Identifikation mit der Siedlung, zu Lernprozessen, gesellschaftlicher Toleranz und Selbstbewusstsein leisten.

3

IN ZÜRICH WIRD NEUES ERPROBT: GEMEINSCHAFTLICHES WOHNEN AUF DEM HUNZIKER AREAL

Marie Antoinette Glaser
und Nicola Hilti

WOHNEN IN ZÜRICH

Zürich ist im Trend. In Zürich zu wohnen ist gefragt. Die Stadt investiert viel und bietet eine hohe Lebensqualität. Aus diesem Grund ziehen viele Menschen aus dem In- und Ausland zu, sodass die Einwohnerzahl stetig steigt. Was das für den Wohnungsmarkt bedeutet, wissen alle, die schon einmal in Zürich auf Wohnungssuche waren: Eine gute und preislich angemessene Wohnung zu finden ist schwierig und nimmt viel Zeit in Anspruch. Seit Mitte der 1990er-Jahre ist der Zürcher Wohnungsmarkt stark angespannt; 2014 betrug die Leerwohnungsziffer 0,22 Prozent.[1] Insbesondere für Personen mit einem durchschnittlichen bis geringen Einkommen ist es sehr schwierig geworden, sich weiterhin Wohnraum in der Stadt zu leisten. Die stark steigenden Immobilienpreise und Mietzinse – Letztere sind zwischen 2004 und 2013 um rund 13 Prozent gestiegen[2] – verstärken die soziale Ungleichheit, bedrohen die zum Teil über Jahre gewachsenen sozialen Netze in Nachbarschaften oder Hausgemeinschaften und verstärken die soziale Segregation zwischen Stadtvierteln. Dies zeigen die anhaltenden Diskussionen über die sogenannte „Seefeldisierung" – Gentrifizierungsprozesse in Zürichs Kreisen Riesbach, Industriequartier und seit Neuestem auch in Aussersihl.[3]

Die Stadt hat darauf reagiert und unternimmt (gemäß dem Votum der Zürcher Stimmbürgerinnen und -bürger zu einem wohnpolitischen Grundsatzartikel in der Gemeindeordnung) Anstrengungen, um den Anteil preisgünstiger Wohnungen in der Stadt zu erhöhen, insbesondere Familienwohnungen und Wohnungen für ältere Menschen zu erhalten und ökologisch vorbildliche Wohnungen auch im preisgünstigen Segment bereitzustellen.[4] Dank des in den letzten Jahren zusätzlich errichteten gemeinnützigen Wohnraums durch Genossenschaften und auch durch die Stadt selbst ist es für Familien und andere Gruppen mit geringeren Einkommen wieder attraktiver geworden, in der Stadt Zürich zu wohnen. Dies lässt sich auch an der relativen Abnahme der Einpersonenhaushalte seit der Jahrtausendwende ablesen: In Zürich sind derzeit 45 Prozent aller Haushalte von Singles bewohnt; in den 1990er-Jahren lebte noch in mehr als jedem zweiten Haushalt offiziell[5] nur eine Person.[6]

[1]
Statistik Stadt Zürich, Deutlicher Anstieg der Leerwohnungszahl. Ergebnisse der Leerwohnungszählung vom 1. Juni 2014, unter: https://www.stadt-zuerich.ch/ prd/de/index/ueber_das_departement/ medien/medienmitteilungen/2014/ august/140806a.html (2.2.2015).

[2]
Statistik Schweiz, Mietpreisindex, Entwicklung der Mietpreise für Wohnungen 2003 bis 2013, unter: http://www.bfs.admin.ch/ bfs/portal/de/index/themen/05/06/ blank/key/index.print.html (13.11.2014).

[3]
Sonja Lüthi, „Grossflächige Vergoldung", in: TEC21 42/2014, S. 27–30. Lüthi verweist auf den massiven Anstieg der Preise für Mietwohnungen im Kreis 5 um 59 Prozent zwischen 2001 und 2013. Gesamtschweizerisch betrug der Anstieg im gleichen Zeitraum 11 Prozent. Vgl. Immo-Monitoring Wüest & Partner, Entwicklung der Angebotspreise für Mietwohnungen in der Stadt Zürich, 2014.

[4]
Volksabstimmung vom 27. November 2011: Bis ins Jahr 2050 soll der Anteil gemeinnütziger Wohnungen in der Stadt ein Drittel der Mietwohnungen betragen.

[5]
Statistiken bilden nur einen Teil der Wahrheit ab. In vielen größeren Wohnungen von Einpersonenhaushalten wohnen zumindest zeitweise auch weitere Personen.

[6]
Statistik Stadt Zürich, Haushalte in der Stadt Zürich 1960 bis 2013 unter https:// www.stadt-zuerich.ch/content/prd/de/ index/statistik/publikationen-angebote/ publikationen/webartikel/2014-09-29_ Home-alone_Einpersonenhaushalte-inder-Stadt-Zuerich.html (30.1.2015).

VIELFÄLTIGE WOHNBEDÜRFNISSE IM SPIEGEL DES GESELLSCHAFTLICHEN WANDELS

Die skizzierten Veränderungen des Wohnungsmarktes und der individuellen Wohnsituationen sind auch Ausdruck eines tiefgreifenden und rasanten gesellschaftlichen Wandels, dessen Merkmale Globalisierung und Europäisierung, Individualisierung und Pluralisierung von Lebensstilen, demografischer Wandel, Entwicklung neuer Informations- und Kommunikationstechnologien sowie neuer Transporttechnologien, zunehmende Mobilitätsanforderungen und -bedürfnisse, gewandelte Geschlechterverhältnisse sowie massive Veränderungen der Arbeitswelt sind. Immer seltener bestehen Biografien aus den klar gegliederten Lebensabschnitten Kindheit, Erwerbstätigkeit und Alter. Durch die Flexibilisierung, Ausdifferenzierung und Pluralisierung der Gesellschaft erweitern sich Handlungsoptionen ebenso wie Handlungsnotwendigkeiten. Dieser Wandel spiegelt sich auch im Wohnen wider: Wohnansprüche und -bedürfnisse differenzieren sich aus und führen zu neuen und vielfältigen Wohn- und Haushaltsformen. Gute Wohnungen zeichnen sich dadurch aus, dass sie den Anforderungen der gewandelten Haushaltsformen gerecht werden. Haushaltsformen sind oft an Lebensabschnitte gekoppelt und können sich schnell ändern, etwa wenn ein

Paar sich trennt oder eine Patchworkfamilie zusammenwächst. Darüber hinaus verändern sich die Haushaltszusammensetzungen nicht nur chronologisch dynamischer, sondern auch zyklisch. Das heißt, eine Wohnung wird zu verschiedenen Zeitpunkten von unterschiedlich vielen Personen bewohnt, etwa wenn Kinder abwechselnd bei einem Elternteil leben, in der Ausbildungsphase temporär bei den Eltern wohnen oder eine Großmutter zeitweise einzieht.

Zunehmend dynamische Lebensverläufe mit Brüchen und Neuorientierungen sowie eine ausgeprägte innere Vielfalt und Verschiedenheit kennzeichnen auch die Gruppe der älteren Bewohnerinnen und Bewohner. Angemessenen Wohnraum für ältere Menschen verfügbar zu machen, ist eine der dringlichsten Aufgaben unserer Gesellschaft. Gegenwärtig findet eine rasche und doppelte demografische Alterung der Bevölkerung statt; das heißt, die Anzahl der Älteren steigt, während die der Jüngeren sinkt.[7] Es kommen zunehmend Generationen ins höhere Alter, deren Lebenshintergründe und Lebensstile sich von den vorhergehenden Generationen deutlich unterscheiden, etwa die in den 1950er- und 1960er-Jahren geborenen Babyboomer.

7
Höpflinger, François (2008): „Die zweite Lebenshälfte – Lebensperiode im Wandel", in: Huber, Andreas (Hg.): *Neues Wohnen in der zweiten Lebenshälfte*, Basel et al.: Birkhäuser, S. 31–42.

GENOSSENSCHAFTLICHES WOHNEN

Neu, gut und günstig – solche Wohnungen kann man in Zürich auch finden, wenn man Glück hat. Die hohen Immobilienpreise auf dem Wohnungsmarkt machen es für Menschen, die eine günstige Wohnung in guter Nachbarschaft suchen, interessant, Mitglied einer gemeinnützigen Wohnbaugenossenschaft zu werden oder mit Gleichgesinnten selbst eine solche zu gründen.[8] Durch die Anwendung der Kostenmiete beziehungsweise durch Gewinnverzicht, durch Ersatzneubauten auf Grundstücken, die schon vor Jahrzehnten erworben wurden und deren Landpreis deshalb niedrig ist, oder durch die Abgabe von Land im Baurecht durch die Kommune können Genossenschaften niedrigere Quadratmeterpreise erzielen als kommerzielle Bauträger. Die stringente Kostenkontrolle oder ein weniger aufwendiger Ausbaustandard führen ebenfalls zu günstigerem Wohnraum. Genossenschaftliche Wohnungen sind der Spekulation entzogen. Die jüngsten Neugründungen in Zürich sind die Genossenschaften Kalkbreite und NeNa1.[9] Mit den Projekten Karthago, Kraftwerk1 und Dreieck sind sie eine Fortschreibung des im Zusammenhang mit den Zürcher Jugendunruhen entstandenen „Revivals" der Wohnbaugenossenschaftsidee seit den 1980er-Jahren in Zürich.

8
Der Anteil gemeinnütziger Wohnungen am Gesamtwohnungsbestand von Wohnbaugenossenschaften und städtischen Stiftungen beträgt rund ein Viertel in der Stadt Zürich.

9
Mehr Informationen zu beiden Projekten unter: http://www.kalkbreite.net und http://nena1.ch

Bei diesen kollektiven Wohnprojekten spielt auch die soziale Komponente eine wichtige Rolle. Ein Teil der Bewohnerinnen und Bewohner entscheidet sich bewusst für ein Leben in solidarischer Nachbarschaft, zu der Kinder und ältere Menschen ebenso gehören wie Migrantinnen und Migranten und sozial schwächer Gestellte. Auch die Entscheidung, auf der Basis von Belegungsrichtlinien weniger Wohnfläche zu konsumieren, ist hier zu nennen. Gleichwohl darf nicht übersehen werden, dass ein Gutteil der Bewohnerinnen und Bewohner von Genossenschaftssiedlungen in erster Linie günstigen Wohnraum gesucht und gefunden hat. Das Konzept der Nachbarschaft erlebt aktuell zwar wieder eine Hochkonjunktur, Vorsicht ist jedoch geboten bei idealisierten Vorstellungen eines homogenen sozialen Gefüges, das an einen konkreten Ort gebunden ist. Vielmehr ist Nachbarschaft als ein vielschichtiger, immer wieder aufs Neue hergestellter ortsübergreifender Zusammenhang unterschiedlicher Akteure zu verstehen.

KOMPLEXES RAUMPROGRAMM

Vor diesem Hintergrund ist das Projekt „mehr als wohnen", das von Anfang an als Quartier mit durchmischter Bewohnerstruktur und einem vielfältigen Nutzungsmix, vor allem auch in den Erdgeschossen geplant wurde, hochaktuell. Die Bewohnerstruktur soll konsequenterweise der Verteilung der unterschiedlichen Haushaltsformen im Kanton Zürich entsprechen. Das „mehr" im Projektnamen verweist auf die Gemeinschaft im Quartierleben, die sich in den neu gebauten, gemeinschaftlich genutzten Innen- und Außenräumen auf dem Hunziker Areal abbildet. Die Mieterinnen und Mieter der Genossenschaft „mehr als wohnen" nehmen vergleichsweise kleine private Wohnflächen von durchschnittlich 35 m² pro Person in Kauf (der Stadtzürcher Durchschnitt bei Neubausiedlungen liegt bei 39 m² in gemeinnützigen Wohnungen und 53 m² in privaten Mietwohnungen und Wohneigentum).[10] Dafür gewinnt sie einen öffentlichen Platz, gemeinschaftlich genutzte Dachterrassen und Außenräume, Kinderspielplätze sowie autofreie Zwischenräume und Wege durchs Quartier. Auch die Raumprogramme der einzelnen Gebäude sollen das Miteinander fördern, indem sie einen breiten Wohnungsmix aus Familienwohnungen, Studios, Wohnungen für Großwohngemeinschaften (8 bis 12 Personen), zumietbaren Zimmern und weiteren spezifischen Räumen anbieten, die darüber hinaus barrierefrei sind.

Mit einer Vielzahl verschieden großer Wohnungen und unterschiedlicher Grundrisse innerhalb eines Hauses oder einer Siedlung, Wohnungen mit zuschaltbaren Zimmern oder neuen, sogenannten „Cluster-" oder „Satellitenwohnungen" mit mehreren kleinen privaten Wohnbereichen (mit eigener Kochnische und Bad) innerhalb von gemeinschaftlich genutzten Bereichen wird auf die neue Vielfalt von Haushalts- und Lebensformen und den Anspruch, autonom und gleichzeitig in Gemeinschaft leben zu wollen, reagiert.

„mehr als wohnen" betrachtet die Älteren nicht nur als wichtige Zielgruppe für sich, sondern verfolgt „generationenübergreifende Perspektiven". Im einzelnen Haus werden die Bedürfnisse der älteren Menschen berücksichtigt, und zugleich werden sie im neu entstandenen Quartier mit anderen Generationen vernetzt. Verschiedene Ebenen spielen hierbei eine Rolle: die Infrastruktur im Außenbereich (z.B. Sitzbänke, Beleuchtung, Signaletik), die Versorgung im Quartier mit Gütern des täglichen Bedarfs sowie flexible Angebote im Pflege- und Betreuungsbereich.[11]

10
Statistik Stadt Zürich, Cornelia Schwierz und Alex Martinovits, Analysen Neubausiedlungen 2009–2012, S. 20, unter: https://e-gov.stadt-zuerich.ch/epaper/PRD/SSZ/Analysen/A_001_2014_output/web/flipviewerxpress.html (12.11.2014).

11
Bundesamt für Wohnungswesen (BWO) (2013): „mehr als wohnen". Von der Brache zum Stadtquartier. Entwicklungs- und Realisierungsprozess der gemeinnützigen Wohnsiedlung Hunziker Areal, in Zürich-Leutschenbach, realisiert durch die Baugenossenschaft „mehr als wohnen", Dokumentationsreport 2: Vorprojekt 2011 bis Spatenstich Sommer 2012, unter: http://www.mehralswohnen.ch/dokumente.html (12.11.2014).

WOHNRAUM FÜR UNGEWOHNTES

12
Huber, Andreas (2008): „Der Wohnungsmarkt im Spannungsfeld von Demographie und Lebensphasen", in: ders. (Hg.): Neues Wohnen in der zweiten Lebenshälfte, Basel et al.: Birkhäuser, S. 47–63, S. 61.

13
Gysi, Susanne (2009): „Zwischen Lifestyle und Wohnbedarf", in: Glaser, Marie Antoinette/Eberle, Dietmar (Hg.): Wohnen – im Wechselspiel zwischen privat und öffentlich, Sulgen: Niggli Verlag, S. 10–23, S. 23.

Die wesentliche Herausforderung im Wohnungsbau besteht darin, dass die sozialen Entwicklungen stets dynamischer sind als die Veränderungen des Wohnungsbestandes.[12] Daher sind Strukturen gefragt, „die das Nicht-Übliche, das Nicht-Vorgesehene und Nicht-Vorauszusehende zulassen".[13] Das Wagnis, solche Strukturen zu schaffen, ist „mehr als wohnen" eingegangen. Mit der sorgfältig ersonnenen Vielfalt von Wohnungen wird eine neue Gemeinschaft entstehen, die neue Maßstäbe für das kollektive Wohnen in Nachbarschaften und im Quartier setzen kann. In den „Satellitenwohnungen" werden noch ungewohnte Wohnformen erprobt.

Angesichts der gegenwärtigen gesellschaftlichen Entwicklungen und vor allem vor dem Hintergrund des angespannten Wohnungsmarktes im Wachstumsraum Zürich dürfte sich dieses Wagnis für die Initiantinnen und Initianten, die Architektinnen und Architekten, die Bewohnerschaft sowie auch für die restliche Stadtbevölkerung lohnen.

SIEBEN TAGE LEUTSCHENBACH   Susann Sitzler

ANTIMATERIE (NOVEMBER 2014)

Bei Einbruch der Nacht fahre ich zum ersten Mal zum Hunziker Areal. Ich stelle mir vor, wie es wäre, nach einem Arbeitstag dorthin nach Hause zu kommen, an den Stadtrand von Zürich-Nord. Der Bus vom Bahnhof Oerlikon braucht keine zehn Minuten. Er fährt am Parkhaus des Hallenstadions vorbei, an Glaskästen mit Büros und Mittagslokalen für Geschäftsleute. An der Haltestelle „Kehrichtverbrennung" erkenne ich zuerst nicht, wo die neue Siedlung beginnt. Auf Verdacht gehe ich an Industriebauten und Autohäusern entlang. Dann stehe ich plötzlich vor dem Ortsschild von Zürich. Hier ist die Stadt zu Ende. Wenn ich weitergehe, gerate ich auf die Autobahn. Hier also beginnt die Utopie von „mehr als wohnen".

Aus der Dunkelheit kommen zwei Jogger. Der Hinweis auf ein Alltagsleben tröstet mich. Dann sehe ich den erleuchteten Glasturm des neuen Schulhauses Leutschenbach und weiß endlich, wo ich bin: auf der Rückseite des Hunziker Areals. Wie Würfel aus Antimaterie stehen die unbeleuchteten Bauten entlang der Schulhauswiese. In den nächsten Wochen werden sie eines nach dem anderen bezogen. Vorsichtig betrete ich das dunkle, regennasse Gelände. In der Luft liegt der verheißungsvolle Geruch von feuchtem Zement. Nach ungefähr fünfzig Metern macht der Weg eine scharfe Kurve. Überragt vom bizarr hohen Kamin der Kehrichtverbrennung stehen sich dahinter weitere dunkle Blöcke gegenüber. Sie sind so nah beieinander, dass eine Verbindung entsteht: urbane Energie. Mit den schwarzen Fenstervierecken erscheinen sie für einen Moment wie eine Seitenstraße in Gotham City, diesem Moloch im Comic-Universum, in dem Superhelden wirken. Wie lassen sich 370 leere Neubauwohnungen auf einen Schlag mit Leben füllen? Die gut tausend Menschen, die dort fast gleichzeitig einziehen, werden die Antwort finden müssen.

UTOPIE (NOVEMBER 2014)

Im Sonnenlicht des nächsten Tages sehe ich, dass die Häuser beinahe fertig sind, die Fensterscheiben schon eingesetzt. Die Räume wirken auffallend hoch. Keines der Häuser gleicht dem anderen. Es gibt abgerundete hellblaue Ecken, Holzverschalungen, mediterran wirkende Fensterläden mit französischen Scheinbalkonen. In der Mitte, an einer Art Dorfplatz, steht ein riesiger Kubus aus Beton, der aussieht wie ein Atombunker mit übergroßen Lüftungsschlitzen.

„mehr als wohnen" heißt die Genossenschaft, die hier die Utopie einer nachhaltigen, sozial und ökologisch verträglichen Stadt ausprobiert. Die Art, wie Genossenschaften bauen, spiegelt immer ein Ideal ihrer Zeit wider. Dies hier hat nichts mit den schmalen, geregelten Bahnen der Nachkriegsgenossenschaften zu tun, die viele Teile Zürichs prägen. Diese Siedlung setzt eindeutig auf Individuen. Sie bietet Spielraum für ein weit gefasstes Set von Lebensentwürfen. Ein Ort für Menschen, die etwas von der Welt gesehen haben, vielleicht gereist sind und immer noch reisen, die kreativ sind. Deren Horizont weit genug ist, dass sie auch am Stadtrand im Schatten des ständig rauchenden Kamins nicht deprimiert und abgelöscht werden. Es sind Stadtrandwohnungen für Menschen, deren Lebensstil von der Innenstadt geprägt wurde. In einem der Häuser wurden Raumfolgen speziell für Wohngemeinschaften entworfen, mit Privaträumen, die an riesige Gemeinschaftsflächen anschließen. Sie heißen „Satellitenwohnungen" und sind so neuartig, dass die Feuerpolizei dafür ein eigenes Bewilligungsverfahren entwickeln musste. „Wohnst du noch oder lebst du schon?", lautete einmal der

Werbespruch einer Möbelhauskette. Aber wie sieht ein gutes Leben aus? Die Art, wie und wo wir wohnen, hängt eng mit den Antworten zusammen, die wir auf diese Frage geben möchten.

FASSADEN (NOVEMBER 2014)

Bis vor ein oder zwei Jahrzehnten bedeutete sozialer Aufstieg, aus der lärmigen Innenstadt ins Grüne ziehen zu können und dort möglichst ein eigenes Haus mit Garten zu haben. In der Schweiz bedeutet „ins Grüne" fast immer „in die Agglo". Inzwischen wollen wieder mehr Leute in der Stadt bleiben. Für sie ist das Hunziker Areal gedacht. Es will ein Stück Stadt sein, ein urbanes Quartier. Stadt heißt, dass verschiedenartige Leute nahe beieinander wohnen, jeder nach seinen Regeln, und dass sie einander so weit wie möglich in Ruhe lassen. Genossen-schaft bedeutet das Gegenteil: Man erhält Teilhabe und soziale Gleichheit für wenig Geld. Dafür muss man sich an Regeln halten, die für alle gleichermaßen gelten. Nicht selten führt das dazu, dass einige Leute ganz besonders streng darauf achten, dass die anderen diese Regeln auch wirklich einhalten. Erst seit Kurzem gilt Genossenschaft nicht mehr automatisch als bünzlig. Projekte wie dieses ermöglichen das veränderte Bild. Aber nur selten hat bisher eine einzige Genossenschaft ein ganzes Quartier nach ihren Idealen errichtet.

Das Urbane auf dem Hunziker Areal entsteht durch die Durchblicke: Zwischen den Mauern sieht man immer wieder auf andere Fassaden und andere Häuser. An manchen Ecken entsteht der Eindruck von Betonschluchten. Es sind visuelle Erfahrungen, die man sonst in Großstädten macht. In vielen Erdgeschossen sind Gewerberäume angelegt; das neue Quartier soll kleinteilig und lebendig werden. Aber die Erstvermietung ist aufwendig. Wer eine Beiz oder einen Laden aufmacht, will wissen, wer seine Kunden sein werden. Ein großer Teil der Wohnungen hier entspricht den Träumen junger Familien mit eher niedrigem Einkommen. Von ihnen allein kann Gewerbe nicht leben.

 An einer Fassade entdecke ich das erste Blumenkistchen. Einsam klammert es sich an ein Balkongeländer. Darin ein paar dünne, hellgrüne Zweige und ein dunkler, kahler Knubbel. Utopie erfordert Zuversicht. Offensichtlich hat hier jemand genügend davon, um im November noch etwas in sein Kistchen zu setzen.

WASCHPLAN (NOVEMBER 2014)

Der Bus fährt heute nur alle zwanzig Minuten, es ist Samstag. Wie funktioniert das für eine Familie, die alle Einkäufe mit den öffentlichen Verkehrsmitteln trans-portiert? Um auf dem Hunziker Areal eine Wohnung zu bekommen, muss man unterschreiben, dass man kein Auto hat oder berufliche oder gesundheitliche Gründe für den Besitz eines Autos nachweisen.

 Außer mir steigt eine junge Frau mit einem Kinderwagen ein. Ein Kopftuch bedeckt die Haare und ist unter dem Kinn zusammengebunden. Munter spricht sie mit dem Kind. Dann kommt ein Mann und reicht ihr einen Thermosbecher. Die beiden unterhalten sich lebhaft in einer Sprache, die ich nicht erkenne. Hin und wieder mischen sich züridütsche Wörter hinein. An einer Haltestelle drückt eine Passantin auf den Türöffner, als der Fahrer schon den Blinker gesetzt hat. „Do will no öpper mitfahre!", ruft die Frau mit dem Kopftuch laut und in lupenreinem Züridütsch nach vorne, aber der Bus hat sich schon in den Verkehr eingefädelt.

Zur Wohnungsbesichtigung, die heute für Interessenten veranstaltet wird, warten schon gut 50 Leute. Eine Mitarbeiterin der Genossenschaft mahnt, dass man die Wohnungen auf keinen Fall ohne blaue Plastiküberzüge für die Schuhe betreten dürfe. So schlurfen wir neugierig auf blauen Schlumpffüßen durch die Räume und betrachten andächtig die Einbauten. Die Zimmer sind überraschend hell; durch hohe, noch vorhanglose Fenster fällt blasses Winterlicht. Die langen Wohnungsflure sind in edlem Schachbrettmuster gefliest. Zum Treppenhaus hin gibt es eine fast bodentiefe Fensterscheibe, durch die man in die Wohnung schauen kann. Die Schlafräume haben prächtige Holzböden; die quadratischen Balkone sind so in den Grundriss integriert, dass sie im Sommer als weitere Zimmer dienen können. In der weitläufigen Wohnküche sehe ich ein bekanntes Gesicht: die Frau mit dem Kopftuch aus dem Bus. „Sind wir wieder gleichweit", sage ich. Sie lächelt. „Wir haben uns noch gefragt, ob Sie auch zur Besichtigung unterwegs sind", sagt sie. Im Dezember werde sie mit ihrem Mann und der kleinen Tochter hier einziehen. „Wir sind total glücklich!" Gerne könne ich auf einen Kaffee vorbeikommen, ihr Name sei M.

„Wollen Sie noch die Waschküche sehen?", fragt die Geschäftsführerin. Sechs oder sieben große Waschmaschinen mit Tumbler stehen in einem ebenerdigen Raum mit Fensterfront. „Es wird erst einmal keinen Waschplan geben", sagt sie. Die Leute sollen sich nach ihren Bedürfnissen selbst organisieren. Definitiv keine klassisch eidgenössische Waschküche, eher ein großstädtischer Waschsalon. Noch immer kommen neue Interessenten, darunter einige typische Zürcher Hipster. Erstaunlich, dass sie sich hier in Leutschenbach eine Genossenschaftswohnung anschauen, denke ich. Entweder sind die Szenis auch von der Wohnngsnot betroffen, oder Leutschenbach hat das Potenzial, wirklich cool zu werden.

DAHEIM (JANUAR 2015)

Als ich im Januar das nächste Mal hinfahre, ist M.s Haus zum Leben erwacht. Viele Fenster sind erleuchtet. Auf dem obersten Balkon hat jemand tibetische Gebetsfähnchen aufgehängt, und vor dem Gebäude steht ein verhüllter Töff. Ich solle mich nicht über die Zügelkisten wundern, sagt M. Sie lerne gerade für die Abschlussprüfung an der Uni und habe erst danach Zeit, die Wohnung richtig einzurichten. Ihre Tochter sitzt auf dem Hochstuhl am Küchentisch und strahlt. „Sie hat immer so Freude, wenn Besuch kommt", sagt M. „Und sie kann gar nicht warten, bis die anderen Kinder einziehen." Im Frühling öffnet die erste von mehreren Kinderkrippen in der Siedlung. Auf „mehr als wohnen" ist ihr Mann zufällig gestoßen. Eigentlich wollten sie in der Innenstadt bleiben, aber dort ist es schwierig, mit geringem Budget etwas Größeres zu finden. Für drei Wohnungen konnten sie sich in Leutschenbach bewerben. Keine davon haben sie bekommen. „Die haben uns eine angeboten, die viel besser war." Beim ersten Besuch sei sie herumgelaufen und habe immer gefragt „Wo ist der Haken?", lacht M. Sie konnte nicht glauben, welchen Komfort sie hier für den günstigen Zins bekommen würde.

Bei der Vermietung setzt die Genossenschaft ein neuartiges Computerprogramm ein. Es wurde von einer Zürcher Firma entwickelt, die schon bei anderen nachhaltig orientierten Genossenschaften Erfahrungen gesammelt hat. Das Programm überwacht die richtige Mischung von Bewohnern. Die meisten Bewerbungen kommen von Familien mit ganz kleinen Kindern. Aber wenn diese in 20 Jahren alle gleichzeitig ausziehen, gibt es Probleme. Darum versucht man, mehr Ältere,

Alleinstehende, Alleinerziehende und Familien mit älteren Kindern zu interessieren. Natürlich entscheidet nicht das Computerprogramm, wer die Wohnungen bekommt, sondern die Menschen in der Verwaltung. Aber sie orientieren sich an den errechneten Vorgaben. Ob mir zu warm sei, fragt M. plötzlich. Tatsächlich herrscht in der Wohnung Sommertemperatur. Also, sie fände es extrem. Man könne die Temperatur leider nicht selbst einstellen. Auf keinen Fall will sie undankbar wirken, aber es komme ihr schon etwas unlogisch vor, dass man so oft das Fenster aufmachen müsse, damit man es in den geheizten Räumen überhaupt aushalte.

SATELLIT (JANUAR 2015)

„mehr als wohnen" hat sich dem Ziel der 2000-Watt-Gesellschaft verpflichtet. Die Genossenschaft ist vom Ideal des freiwilligen Verzichts geprägt; der ökologische Fußabdruck dominierte die Planung aller Häuser. Sie sind im Passivhausstandard gebaut, der zugunsten der Gesamtbilanz eine individuelle Regelung der Wohntemperatur nicht vorsieht. In unserer reichen Gesellschaft ist ein niedriger Energieverbrauch für die Einzelnen eine freiwillige Priorität. Niemand spart Strom, weil er zu teuer wäre. Man spart, um eine ideologische Überzeugung auszudrücken; man schränkt sich freiwillig ein, um zu den Guten zu gehören. In der Planungsphase gab es Studien, um die Selbstversorgung der Siedlung mit Biogemüse von Bauern in der Region abzuklären. Man hat sogar ermittelt, ob es möglich wäre, eigene Spaghetti herzustellen. Beides rentiert sich nicht. Aber es gibt einen Verein von Bewohnern, die auf einem Stück Land in der weiteren Umgebung Gemüse anbauen. Jedes Mitglied gräbt ein paar Tage pro Jahr das Feld um und bekommt dafür regelmäßig eine Kiste mit dem moralisch unbedenklichsten Gemüse der Stadt. In unserer reichen Gesellschaft ist Verzicht ein Statussymbol. Man muss ihn sich leisten können und wollen. Etwa 20 Prozent der Wohnungen sind subventioniert; aber es ist nicht unbedingt eine Frage des Geldes, ob man bereit ist, auf billige Industrienahrung zu verzichten, auf Vollbäder und auf Weichspüler für die Wäsche. Wie schwört man so viele unterschiedliche Menschen mit unterschiedlichen Idealen und unterschiedlichen Einkommen, die alle nur eine günstige Wohnung gesucht und gefunden haben, auf den freiwilligen Verzicht ein? Vielleicht findet ja „mehr als wohnen" auch darauf eine Antwort.

OPER UND SPAGHETTI (JANUAR 2015)

Es sind immer mehr Leute auf dem Areal unterwegs. Ein Jugendlicher in Lederjacke zündet sich eine Zigarette an, kaum dass er das Haus verlassen hat. Zwei Mütter werden von einer Schar bunt eingepackter Kinder bestürmt. Zwei deutsche Studenten hasten zum Bus. Ich spaziere mit Stephan herum. Er ist Dokumentarfilmer und zieht im März mit seiner Freundin hier ein. Häufig habe ich ihn in den vergangenen Tagen mit seiner Kamera um eine Ecke verschwinden sehen. Er dreht eine Langzeitdokumentation über die Siedlung und kennt schon viele Bewohner. Immer wieder bleibt jemand bei ihm stehen: „Kommst du nachher wieder filmen?" Man läuft sich hier anders über den Weg als in fertigen Quartieren: Alle sind gemeinsam Pioniere, und viele zeigen großes Interesse, ihre Nachbarn möglichst bald kennenzulernen.

„Ha!" ruft Christoph später laut und so unvermittelt, dass ich zusammenzucke. Als Operntenor kann er dem Hall eines hohen, leeren Raumes mit Betonwänden nicht widerstehen. Er ist heute extra nach Leutschenbach gekommen, um mir zu zeigen, wo demnächst sein neuer Lebensabschnitt beginnen wird. Vor Kurzem hat Christoph seine Sängerkarriere beendet, um auf dem Hunziker Areal einen Traum zu realisieren: einen offenen Salon mit Musik und gutem Essen. Die Geräte für die Profiküche, die er im niedrigeren Teil des L-förmigen Lokals aufbauen wird, sind bereits ausgesucht. „Da werde ich tagsüber vorbereiten, während am Flügel Musiker üben. Am Abend tische ich für Gäste auf. Jeder ist willkommen, alle sitzen zusammen an einem Tisch, jeder bezahlt, was es ihm wert ist. Und danach singe ich dann vielleicht noch." Dort, wo die Decke über vier Meter hoch ist, wird der Konzertflügel stehen. „Und jeden Mittwoch singe ich zwei Stunden mit den Kindern aus dem Quartier. Dann bekommen sie gratis einen Teller Spaghetti und gehen wieder nach Hause." Christoph Homberger glaubt an das neue Quartier. Er hat viele Fans in der Stadt, die ihm als Gäste auf das Hunziker Areal folgen werden. Zürich-Nord ist für ihn wie einst Zürich-West. „In den Schiffbau ging am Anfang auch niemand."

Christoph Hombergers Euphorie hat mich angesteckt. Vom zukünftigen Salon bis zum Hunziker-Platz im Herzen der Siedlung sind es nur ein paar Schritte. Zum ersten Mal fällt mir auf, was für raffinierte Fenstersimse der viereckige Betonbunker hat, und wie vielversprechend das Abendrot in diesem Teil von Zürich immer leuchtet. Während ich zum Bus laufe, denke ich über den Namen „mehr als wohnen" nach. Mehr als Wohnen ist Leben. Kein schlechter Name für einen radikalen Versuch. Er hat gerade begonnen.

KINDER-WORKSHOP „MEIN ZUHAUSE"

LEITUNG
OKIDOKI-Spielplatz für Kunst
Nicoletta West
Patricia Collenberg

TEILNEHMENDE KINDER
Jahy, Johanna, Manuel, Alika, Jamila, Elif,
Memet, Rodrigo, Lian, Noah, Joana, Cato,
Meret, Frederik, Emil, Maria

Im Workshop „Mein Zuhause" setzten sich Kinder auf taktile, forschende Weise mit dem Hunziker Areal im Rohzustand auseinander. Ihnen wurden Ton- und Modelliermassen zur Verfügung gestellt, mit denen sie wie Archäologen auf Spurensuche gingen.

Mit dem Material konnten sie Abdrücke von interessanten Oberflächen, Strukturen oder Gegenständen nehmen. Die spannendsten Sammelstücke wurden ausgewählt und im „Treffpunkt" neu interpretiert. In kleinen Holzkisten konnten die Kinder ihre Funde auf unterschiedliche Arten inszenieren, dokumentieren und beschriften. Dabei entstanden Raum-Objekte von archivarischem oder musealem Charakter, die von den Kindern zu einem organischen Wohnturm zusammengebaut wurden.

Zum Abschluss des Projekts führten die Kinder ihre Eltern durch ihre erfundene Wohnlandschaft.

Der Sicherheitswärter unterstützt die kleinen Bauarbeiter bei der Spurensuche auf dem Hunziker Areal.

Die Kinder bauen ihr Material
in einen Wohnturm ein.

BEWOHNERSCHAFT UND BEWERBUNGEN IM HUNZIKER AREAL

Corinna Heye und
Sarah Fuchs

WOHNUNGSSPIEGEL UND ERSTVERMIETUNGSPROZESS IM HUNZIKER AREAL

Es soll ein „lebendiges Quartier entstehen, wo man gerne wohnt, arbeitet und die Freizeit verbringt". Angesprochen werden Menschen „aus allen sozialen Schichten" (Leitbild „mehr als wohnen"). Für die soziale Durchmischung legte die Genossenschaft keine Quoten fest; orientierte sich aber an der Bevölkerungsstruktur des Kantons Zürich. Obwohl durch die Kostenmiete bereits relativ günstige Mieten garantiert sind, werden 80 der 370 Wohnungen durch Darlehen oder Beiträge der öffentlichen Hand subventioniert. Diese Wohnungen können ausschließlich an Haushalte vermietet werden, welche die Bedingungen der Wohnbauförderung bezüglich Einkommen und Vermögen erfüllen.

Im Fokus stehen Zusammenleben und Durchmischung: Auch auf dem Wohnungsmarkt ausgegrenzte Bevölkerungsschichten sollen aktiv eingeladen werden. Zu diesem Zweck arbeitet die Baugenossenschaft mit verschiedenen Institutionen zusammen; insgesamt sind knapp 10 Prozent aller Wohnungen reserviert: für die Stiftung Züriwerk, die Menschen mit Beeinträchtigungen unterstützt; für die Stiftung Domicil, die vor allem Familien mit Migrationshintergrund und kleinem Budget Wohnungen vermittelt; für die Genossenschaft WoKo, die sich an Studierende und Lehrende richtet, und für die Stiftung zkj, die Kindern, die für längere Zeit nicht in ihren Familien aufwachsen können, ein Zuhause vermittelt.

Eine weitere Richtschnur der Baugenossenschaft ist die 2000-Watt-Gesellschaft. Daraus ergibt sich neben einer ökologischen Bauweise auch die Vorgabe, dass der Pro-Kopf-Flächenverbrauch der zukünftigen Bewohner 35 m² nicht überschreiten sollte.

Das Nutzungskonzept wurde von den Gremien der Baugenossenschaft (Baukommission, Vorstand und Geschäftsleitung) erarbeitet, mit der interessierten Öffentlichkeit und der Themengruppe Nutzung/Soziales (eine von vier Arbeitsgruppen während der Projektphase) an verschiedenen Anlässen diskutiert und schließlich vom Vorstand verabschiedet.

WELCHER WOHNUNGSMIX WURDE GEBAUT?

Die Wohnungen wurden in einem relativ kurzen Zeitraum zwischen November 2014 und Mai 2015 bezogen, sodass sehr viele Wohnungen gleichzeitig auf den Markt gelangten. Der Wohnungsmix umfasst neben Studios und regulären 2- bis 7½-Zimmer-Wohnungen auch alternative Wohnformen wie Wohnateliers, Groß-WGs und Satellitenwohnungen.

Insgesamt weist der Wohnungsmix sowohl im städtischen als auch im kantonalen Vergleich einen überdurchschnittlich hohen Anteil größerer Wohnungen mit 4½ und mehr Zimmern auf. Mit einem Anteil von 37 Prozent sind 4½-Zimmer-Wohnungen im Vergleich zum Wohnungsbestand der Stadt Zürich (21 %) und des Kantons Zürich (28 %) auf dem Hunziker Areal deutlich übervertreten. Noch größere Wohnungen mit 5½ und mehr Zimmern machen 22 Prozent des Wohnungsbestands auf dem Hunziker Areal aus. Ihr Anteil am Bestand entspricht damit dem kantonalen Durchschnittswert. Demgegenüber ist der Anteil kleinerer Wohnungen mit 1½ bis 3½ Zimmern auf dem Hunziker Areal mit 41 Prozent eher gering. Sowohl der Kanton Zürich (51 %) als auch die Stadt Zürich (70 %) weisen hier deutlich höhere Anteilswerte auf.

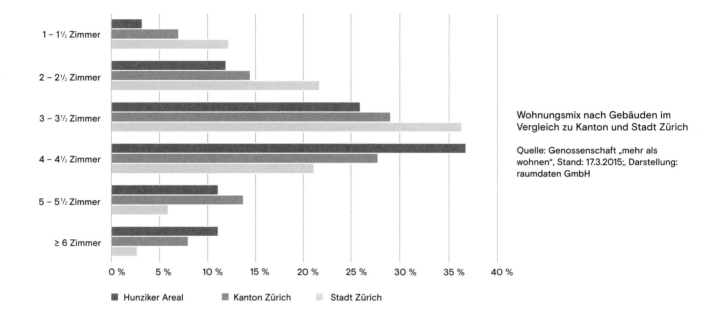

Wohnungsmix nach Gebäuden im Vergleich zu Kanton und Stadt Zürich

Quelle: Genossenschaft „mehr als wohnen", Stand: 17.3.2015;, Darstellung: raumdaten GmbH

■ Hunziker Areal   ■ Kanton Zürich   ■ Stadt Zürich

WIE WURDEN DIE WOHNUNGEN VERGEBEN?

Der Erstvermietungsprozess für das Hunziker Areal – von der Ausschreibung über die Anmeldung, die Beurteilung der Bewerbungen und das Einholen der Referenzen bis hin zur Vergabe – erfolgte ausschließlich online. „mehr als wohnen" nutzte dafür das speziell auf das Hunziker Areal zugeschnittene Softwarepaket „Mieterdaten Monitoring (MiMo)" der Firma eMonitor GmbH. Es erlaubt einen laufenden Überblick über die sozio-demographische Zusammensetzung der Bewohner und erleichtert die oftmals schwierigen Entscheidungsprozesse bei der Erstvermietung.

Alle Wohnungen wurden zunächst gleichzeitig zur Vermietung ausgeschrieben. Newsletter-Abonnenten wurden von „mehr als wohnen" zuerst informiert. Weil die Anzahl der Anmeldungen vergleichsweise gering blieb, wurden die einzelnen Wohnungstypen bald zusätzlich unter Verweis auf das Webtool in einem Online-Immobilienportal ausgeschrieben. Es gab zwei mehrwöchige Phasen (Anmeldefenster für Wohnungsbewerbungen). Mit näher rückendem Bezugsdatum schrieb die Genossenschaft die noch freien Wohnungen direkt und einzeln im Online-Immobilienportal aus.

Interessierte konnten sich auf der Webseite von „mehr als wohnen" über den Wohnungsspiegel und die Reglements der Baugenossenschaft informieren und sich über das Online-Bewerbungsformular für maximal drei Wohnungen nach erster, zweiter und dritter Priorität bewerben. Das Bewerbungsformular setzte die von „mehr als wohnen" festgelegten Belegungsvorschriften um. Diese sehen vor, dass die Anzahl der Individualzimmer die Anzahl der Personen im Haushalt nicht überschreiten darf. So darf sich beispielsweise ein Einpersonen-haushalt höchstens auf eine 2½-Zimmer-Wohnung bewerben. Bei der Ausschreibung einzelner Objekte war dann nur noch eine Bewerbung auf das entsprechende Objekt möglich. Für die Online-Bewerbung wurden bei Bedarf Laptops mit personeller Unterstützung oder Telefonsupport angeboten.

Jede vollständig ausgefüllte Bewerbung wurde im Vergabeprozess von jeweils zwei Personen nach vorher festgelegten Kriterien bewertet. Der Entscheid erfolgte in sogenannten „Vergabesitzungen" und beruhte auf den Bewertungen unter Berücksichtigung der festgelegten Ziele zum Bewohnermix. Zusätzlich wurde auch die Bereitschaft der Bewerberinnen und Bewerber, sich in das Quartier und die Baugenossenschaft einzubringen, berücksichtigt. Zudem sollten das Haushaltseinkommen und der Mietpreis der Wohnung in einem vernünftigen Verhältnis stehen, und die Haushalte mussten sich bereit erklären, grundsätzlich auf ein Auto zu verzichten, „soweit dies nicht lebensnotwendig ist (Arbeit, Gesundheit etc.)" (Merkblatt „mehr als wohnen").

WER HAT SICH BEWORBEN?

Bis zum Zeitpunkt der Auswertungen (Stand: 17.3.2015) gingen für das Hunziker Areal insgesamt 970 gültige Bewerbungen ein. Mit knapp 430 Bewerbungen kam fast jede zweite Bewerbung von einem Ein- oder Zweipersonenhaushalt. Weiterhin bewarben sich rund 450 Haushalte mit Kindern und rund 100 Wohngemeinschaften, Vereine und andere Haushaltstypen. Vergleicht man die Struktur der Bewerber mit der Referenzstruktur der Bevölkerung, so ist vor allem der Anteil der Familien mit 46 Prozent im Vergleich zur Bevölkerung des Kantons Zürich (29 %) und der Stadt Zürich (22 %) überdurchschnittlich hoch. Dies ist auch auf den hohen Anteil von 4½-Zimmer-Wohnungen zurückzuführen, der die Struktur der Bewerber maßgeblich steuert. Dabei erstaunt allerdings der hohe Anteil an Bewerbungen von Einelternfamilien.

Einpersonenhaushalte sind bei den Bewerbern unterdurchschnittlich vertreten. Den rund 22 Prozent dieser Bewerbungen stehen rund 39 Prozent dieses Haushaltstyps im Kanton Zürich und 51 Prozent in der Stadt Zürich gegenüber. Dies ist wohl auf den eher geringen Anteil an 1½- bis 2½-Zimmer-Wohnungen und die entsprechenden Belegungsvorschriften im Hunziker Areal zurückzuführen. Hie-

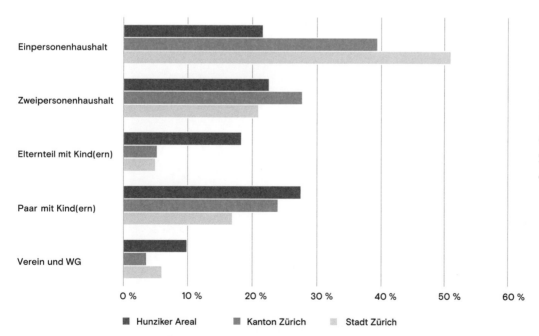

Struktur der Bewerbungen im Vergleich zu Kanton und Stadt Zürich

Quelle: Genossenschaft „mehr als wohnen", Stand: 17.3.2015, Darstellung: raumdaten GmbH

zeigt sich eine Diskrepanz zwischen Angebot und Nachfrage. Bei den kleineren Wohnungen übersteigt die Nachfrage das Angebot, während sich bei den größeren Wohnungen Angebot und Nachfrage eher entsprechen.

KLEINE UND RUHIG GELEGENE WOHNUNGEN SIND AM BELIEBTESTEN

Als Maß für die Beliebtheit der Wohnungen dient hier die Anzahl der Bewerbungen pro Wohnung in erster Priorität. Der frühe Vermietungszeitpunkt begünstigte Haushalte, die ihre Wohnsituation langfristig planen, wie zum Beispiel Haushalte mit vorschulpflichtigen Kindern. Absolut betrachtet sind mit rund einem Drittel der Bewerbungen die $4\frac{1}{2}$-Zimmer-Wohnungen am beliebtesten. Betrachtet man allerdings die Anzahl der Bewerbungen pro verfügbarer Wohnung, fallen die $4\frac{1}{2}$- und $5\frac{1}{2}$-Zimmer-Wohnungen mit 2,3 Bewerbungen pro Wohnung zurück. Die mehr als fünf Bewerbungen pro Wohnung für die 2- bis $2\frac{1}{2}$-Zimmer-Wohnungen deuten darauf hin, dass hier die Nachfrage das Angebot deutlich übersteigt. Wohnungen mit $6\frac{1}{2}$ und mehr Zimmern sind demgegenüber deutlich weniger beliebt. Mit durchschnittlich einer Bewerbung pro Wohnung wurden die 26 Wohnungen mit $7\frac{1}{2}$ und mehr Zimmern vergleichsweise wenig nachgefragt. Wobei es sich hier meistens um Wohngemeinschaften handelt, bei denen der Vermietungsprozess anders strukturiert ist und einen längeren Gruppenbildungsprozess voraussetzt.

Die Auswertung nach der Anzahl von Bewerbungen pro Wohnung zeigt, dass unabhängig von der Anzahl der Zimmer einzelne Wohnungstypen deutlich häufiger gewählt wurden als andere. Die Wohnungen unterscheiden sich auch nach Bezugsdatum, Fläche, Grundriss, Lage, Umgebung, Orientierung, Geschoss, Mietpreis und allfälliger Subventionierung. Kaum eines dieser

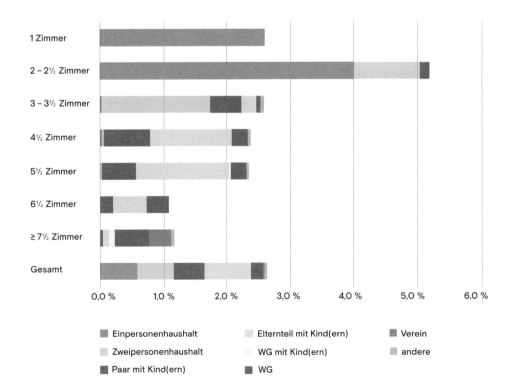

Anzahl Bewerbungen pro Wohnung nach Wohnungsgröße und Haushaltstyp

Quelle: Genossenschaft „mehr als wohnen", Stand: 17.3.2015, Darstellung: raumdaten GmbH

Merkmale zeigt allerdings eine eindeutige Präferenz bei den Wohnungssuchenden. Einzig nach subventionierten Wohnungen gab es eine insgesamt größere Nachfrage. Die Hälfte der zehn beliebtesten Wohnungen ist subventioniert. Weniger Bewerbungen gingen auf die Wohnungen mit $3\frac{1}{2}$ oder $4\frac{1}{2}$ Zimmern an der stark befahrenen Hagenholzstrasse ein. Hier zeigt sich auch, dass $4\frac{1}{2}$-Zimmer-Wohnungen mit einer typischen Lärmschutztypologie (Nord-Süd-Ausrichtung) besonders wenig nachgefragt werden.

Zum Zeitpunkt der Auswertungen waren knapp 90 Prozent der Wohnungen im Hunziker Areal vergeben. Dabei zeigten sich deutliche Unterschiede bezüglich des Anteils vermieteter Wohnungen abhängig von der Wohnungsgröße. Nur 3 Prozent der kleineren Wohnungen mit 1 bis $3\frac{1}{2}$ Zimmern waren noch nicht vermietet, während 20 Prozent der $4\frac{1}{2}$-Zimmer- und 10 Prozent der $5\frac{1}{2}$-Zimmer-Wohnungen noch nicht vergeben waren. Dies ist allerdings auch auf einen „Vermietungsstopp" an Familien mit kleineren Kindern zurückzuführen, den die Genossenschaft aufgrund des Vermietungsmonitorings beschlossen hat. Sie nimmt hier kurzfristige Leerstände in Kauf, um allzu große Ungleichgewichte bei der Durchmischung und eine Überlastung der Schulinfrastruktur zu verhindern. Der mit knapp einem Viertel relativ hohe Anteil noch nicht vergebener Wohnungen mit $7\frac{1}{2}$ und mehr Zimmern zeigt, dass der Vermietungsaufwand für neue Wohnformen höher ist und mehr Zeit braucht. Die Genossenschaft sah es als ihren Auftrag an, verschiedenste Typologien des gemeinschaftlichen Wohnens anzubieten, damit in den nächsten Jahren statistisch belastbares Material über diese Wohnformen verfügbar wird. Die wirtschaftlichen Risiken schätzte sie dabei klein ein. Die Nähe zu Hochschulen und Bildungseinrichtungen würde es bei einer mangelnden Nachfrage jederzeit erlauben, in Zusammenarbeit mit der Woko den Anteil an studentischem Wohnen zu erhöhen.

ZUKÜNFTIGE BEWOHNER DES HUNZIKER AREALS

Die Auswertung der zukünftigen Bewohner nach aktuellem Vergabestand zeigt, dass insbesondere die Anzahl der Kinder im Vergleich zu den Referenzstrukturen der Bevölkerung in der Stadt und dem Kanton Zürich deutlich über dem Durchschnitt liegen wird. Nach aktuellem Stand umfasst die Altersgruppe der unter 15-Jährigen 24 Prozent der Bewohner im Hunziker Areal. Gleichzeitig wird auch der Anteil junger Erwachsener zwischen 20 und 39 Jahren mit 48 Prozent deutlich über den Referenzwerten des Kantons (29 %) und der Stadt (35 %) liegen.

Der Anteil junger Familien war bereits unter den Bewerbern sehr hoch. Trotz der zielgerichteten Bemühungen bei der Vergabe der Wohnungen ist eine Altersstruktur, die mit der kantonalen vergleichbar wäre, nicht umsetzbar: Das Hunziker Areal wird im Vergleich einen deutlich geringeren Anteil älterer Personen aufweisen.

Dies ist zum einen auf den Wohnungsmix zurückzuführen: Ältere Personen wohnen vor allem in Ein- und Zweipersonenhaushalten, deren Anteil auf dem Hunziker Areal relativ gering ist. Zudem sind Ältere bei den Wohnungssuchenden insgesamt eher unterdurchschnittlich vertreten und zurzeit noch weniger offen für alternative Wohnformen, sodass sich weniger Ältere auf Großhaushalte und Satellitenwohnungen beworben haben.

Da vorwiegend Familienwohnungen mit $4\frac{1}{2}$ Zimmern und Großwohnungen für Wohngemeinschaften mit $7\frac{1}{2}$ und mehr Zimmern noch nicht vermietet sind, ist anzunehmen, dass sowohl der Anteil der Kinder als auch der Anteil junger Erwachsener nochmals steigen wird.

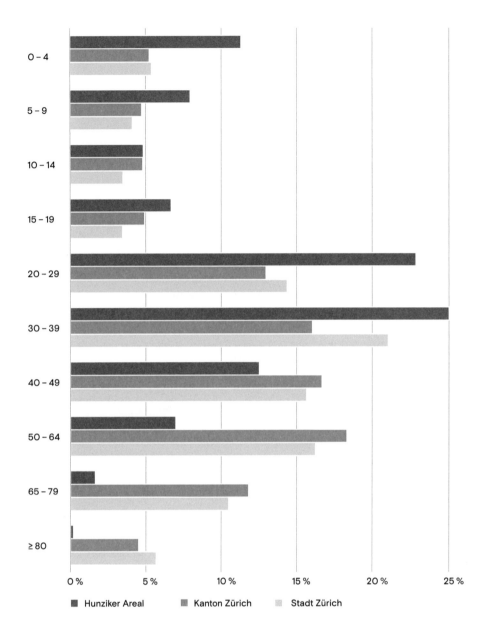

Bewohnendenstruktur im Hunziker Areal (Stand: 15.3.2015)

Quelle: Genossenschaft „mehr als wohnen", Stand: 17.3.2015, Darstellung: raumdaten GmbH

Die Analyse des Erstvermietungsprozesses von „mehr als wohnen" zeigt, dass das Erreichen verschiedener Zielgruppen und damit die gewünschte Struktur der Bewohnerschaft in erster Linie vom angebotenen Wohnungsmix abhängen. Dies auch, weil die Verteilung der Haushalte durch Belegungsvorschriften größtenteils vorgegeben ist. Der breite Wohnungsmix führte zu einer diverseren Erstbewohnerschaft, als bei üblichen Wohnsiedlungen, allerdings nicht in dem Maße, dass „mehr als wohnen" über eine ähnliche soziale Struktur verfügen würde wie die ganze Stadt. Die Bewohnerschaft ist jung und hat überdurchschnittlich viele Kinder.

Das Vermietungstool kann in der weiteren Entwicklung der Genossenschaft als Steuerungsinstrument bei Wohnungswechseln eine wichtige Rolle spielen. Es bildet die soziodemografische Durchmischung ab und erlaubt, Kriterien für die Wiedervermietung zu definieren. Wenn die erste „mehr als wohnen" Generation altert und die Nachfamilienphase erreicht, wird sich zeigen, ob das Wohnungsangebot genügend Optionen für Wechsel und Neuorientierungen bietet.

4

IST „MEHR ALS WOHNEN" AUCH EIN VORBILDLICHES ENERGIEKONZEPT?

TEXT UND INTERVIEW
Christian Huggenberg CH
Werner Waldhauser WW

Interview mit Christian Huggenberg und Werner Waldhauser, HLK Ingenieur HTL/SIA und VR-Präsident Waldhauser + Hermann Basel, im Herbst 2014

Werner Waldhauser wurde von den Planern des Hunziker Areals beigezogen, um sie bei der Erstellung eines Energiekonzepts zu beraten. Die Suche nach einem sinnvollen energetischen Konzept löste eine grundsätzliche Debatte über Standards, ihre Grenzen und die Rolle der Menschen, welche schlussendlich die Gebäude bewohnen, aus. Mit dem Baurechtsvertrag verpflichtete sich die Genossenschaft, den Minergie-P-Eco-Standard oder einen energetisch vergleichbaren Wert für das ganze Areal zu erreichen.

Wie sind Sie zum Projekt „mehr als wohnen" gekommen?

WW   Bei meinem ersten Treffen mit den Projektverantwortlichen wurden mir viele Fragen gestellt. Dabei ging es weniger um Detailkenntnisse, als vielmehr um meine generelle Lebenseinstellung. Das hat mir gefallen, und so habe ich zum Ende unseres ersten Gesprächs den anwesenden Architekten gesagt, dass ich mich sehr für das Projekt interessiere; vorausgesetzt, es gehe dabei um das Erreichen eines tiefen Energieverbrauchs, nicht aber um die Erfüllung eines Minergie-Labels (mech. Lüftung zwingend).

Wie würden Sie Ihre Rolle in dem Projekt beschreiben?

WW   Meine erste Aufgabe war, mit den involvierten Personen zu diskutieren, was bei Wohnbauten aus gebäudetechnischer Sicht überhaupt relevant ist. Dabei war vor allem wichtig festzuhalten, welche Heizmöglichkeiten es gibt und wie ein Lüftungssystem für eine so große Arealüberbauung aussehen könnte. So war die Frage zentral, ob der Einsatz einer natürlichen Lüftung für Gebäude an ruhigen Lagen durch die Bauherrschaft genehmigt würde. Ich habe dann die energetischen Folgen aller vorstellbaren Möglichkeiten abgeleitet und ein Entscheidungsdokument erstellt.

Können Sie mir dazu ein Bespiel nennen?

WW   Etwa den Nachweis, dass der Energieverbrauch für eine natürliche Lüftung (vernünftiges Lüften vorausgesetzt) gegenüber einer mechanischen Lüftung unter Berücksichtigung der grauen sowie der Betriebsenergie eher niedriger ist. Somit gibt es kein stichhaltiges Argument dafür, dass eine Lüftung überhaupt benötigt wird. Auch nicht bezüglich der Luftqualität.

Allerdings riskiert man beim Einsatz einer natürlichen Lüftung, dass es Bewohnerinnen oder Bewohner gibt, die ihre Fenster auch im Winter stundenlang offen lassen.

WW   Klar gibt es das. Die Bewohner/Innen werden das aber nicht oft wiederholen, da die heutigen Heizleistungen den großen Wärmeverlust nicht ausgleichen und die Raumtemperatur nicht stabil halten können. Deshalb ist es wichtig, Bewohnerinnen und Bewohner über das richtige Lüftungsverhalten zu informieren. Wir müssen die Menschen zum Denken bringen. Das gilt vor allem für Schülerinnen und Schüler.

Sie meinen also, es bringt mehr, heutigen Schülerinnen und Schülern das manuelle Fensteröffnen beizubringen, als auf mechanische Lüftung zu setzen?

ww   Ja. Nehmen wir als Beispiel eine Primarschule, die ich beraten habe. Den Gemeinden geht es in erster Linie darum, dass ein neues Schulhaus ein Minergie-Label bekommt. Ich wüsste aber nicht, weshalb ein Schulhaus auf der grünen Wiese eine mechanische Lüftung brauchen sollte. Mal abgesehen von geschlossenen Räumen – wie etwa einer Sport-Garderobe oder den Duschräumen – geht doch während einer Schulpause nichts über ein altbekanntes Stoßlüften.

Und warum lässt man es nicht einfach zu, dass die Fenster in einem Schulhaus in der Pause geöffnet werden?

ww   Weil Lehrer und Lehrerinnen für das Öffnen und wieder Schließen keine Verantwortung übernehmen wollen. Auch hier ist es wichtig, dass man Lehrpersonen und Schüler entsprechend informiert und ihnen erklärt, weshalb man in einem solchen Fall nicht den heutigen Standard mit mechanischer Lüftung realisiert hat.

Sind die Verantwortlichen für das Projekt „mehr als wohnen" tatsächlich sofort darauf eingestiegen, als Sie ihnen sagten, das Erreichen eines Labels interessiere Sie nicht?

ww   Natürlich. Es gehörte zur Grundanlage des Projekts, bestehende Standards infrage zu stellen und neue, wenn möglich sogar energetisch bessere Lösungen auszuprobieren. Die Genossenschaft war gegenüber Hightech-Lösungen skeptisch und suchte eher einfache Systeme. Sie war auch bereit, gewisse Risiken einzugehen, und setzte auf das Mitmachen der Bewohnerinnen und Bewohner.

Welche anderen Faktoren spielten eine Rolle?

ww   Es war sehr wichtig, sich Gedanken über die Fassaden zu machen; sie sind nicht überall gleich. Beim Dämmbetonbau des Architektenkollektivs pool zum Beispiel musste ein vergleichsweise schlechter Dämmwert mit der grauen Energie und dem einfachen Fassadenaufbau abgewogen werden. Es wird also nicht nur darauf geachtet, welcher Energiebedarf beim Bewohnen eines Gebäudes anfällt, sondern es wird auch die Energie mit eingerechnet, die beim Entstehen und Entsorgen eines Hauses benötigt wird. Der leicht über dem Minergie-P-Standard liegende Verbrauch des Dämmbetonbaus muss in anderen, besser geeigneten Häusern kompensiert werden, damit die Gesamtbilanz stimmt.

Dieses Verhältnis lässt sich aber erst nach jahrelangem Betrieb feststellen.

ww   Ja, allerdings wird das nicht so einfach sein. Vorerst reden wir ja nur von theoretischen Rechenwerten. Der Energieverbrauch hängt nicht nur von der Gebäudehülle, sondern auch vom Benutzerverhalten ab, das Abweichungen von +/- 40 Prozent gegenüber den errechneten Werten zur Folge haben kann. Zudem geht man heutzutage davon aus, dass der Energieaufwand für die Warmwasseraufbereitung bis zu 20 Prozent höher sein kann als der für die Raumheizung.

Sie waren selbst im Vorstand von Minergie Schweiz. Wie passt dies mit Ihrer Kritik am Label zusammen?

ww   Es ist eigentlich nichts gegen das Label als solches einzuwenden. Was mich störte, war die Verpflichtung, eine mechanische Lüftung erstellen zu müssen. Eine solche zu empfehlen, ist in Ordnung; sie sollte jedoch nicht als Voraussetzung vorgeschrieben werden. Das halte ich für falsch. Genauso wie die Entwicklung, dass technische Standards zusehends vergesetzlicht werden oder dass gewisse Privilegien, wie eine höhere Ausnutzung vom Einhalten von Labels, abhängig sind.

Aber ein Lüftungssystem mit Wärmerückge-winnung spart doch Energie, die mit manuellem Lüften aus dem Raum entweicht?

ww   Stimmt. Nur wird in der Regel zu viel Luft umgewälzt, da bei zentralen Lüftungsanlagen in Wohnbauten die Lüftung 365 Tage lang 24 Stunden in Betrieb sein muss, was zu unnötigem Stromverbrauch führt.

Gleichzeitig erklären Sie, es mache wenig Sinn, alle alten Häuser zu isolieren.

ww   Es gibt immer mehr Vorschriften, die besagen, dass alle alten Häuser isoliert werden müssen. Da frage ich mich, was machen wir mit der Überschusswärme aus Kehrichtverbren-nungsanlagen, Computerzentren etc.? Irgend-wann müssen wir die Fernheiznetze erweitern und bestehende Wärmepumpen- und Holz-heizungen stilllegen. Steht dieser Aufwand im Hinblick auf die graue Energie für die Erstellung, Entsorgung, Fassadensanierungen etc. in einem vernünftigen Verhältnis zur eingesparten Energie? Solche Vorschriften müssten sich auf Gebiete außerhalb von Abwärme-Fernheizungen beschränken.

In der Nähe des Hunziker Areals gibt es mehrere Fernwärmequellen. Eine davon wurde angezapft. Also wurde diesbezüglich alles richtig gemacht?

ww   Ja. Zwar wurde nicht, wie ursprünglich vorgeschlagen, die Kehrichtverbrennungsanlage Hagenholz angezapft, dafür aber ein Rechen-zentrum, das sich ganz in der Nähe befindet.

Sind sie mit dem Ergebnis zufrieden?

ww   Nicht zu 100 Prozent. Die Vergabe an nur einen Planer für alle 13 Gebäude war aus mei-ner Sicht aufgrund der Überlastungsgefahr nicht optimal. Zudem wurde der Verzicht auf mechani-sche Lüftungen nicht sehr engagiert umgesetzt.

Wenn Sie das Projekt „mehr als wohnen" mit anderen vergleichen, wie ordnen sie es ein?

ww   Als ein hervorragendes Beispiel. Allein schon, wie beim Projekt vorgegangen wurde; und auch jetzt, wo es darum geht, die Bewohner-schaft zu finden, die dort leben wird. Die Men-schen werden informiert.

Wäre es nicht besser, ein Gebäude erhielte erst dann ein Label, wenn nachgewiesen werden konnte, dass das Gebäude das Label auch tatsächlich verdient hat?

ww   Klar. Keiner gibt einen Bericht ab, in dem die Ziele, die bekannt und gefordert sind, nicht auch erreicht werden. Genau über diesen Punkt waren sich die Beteiligten - sowohl die Architekten als auch die Bauherrschaft - von Anfang an einig.

Wie sind die Planer denn vorgegangen, um den energetischen Vorgaben letztlich doch genügen zu können?

ww   Das war die Arbeit der Planer, die perma-nent das Projekt berechnen, überprüfen und gegebenenfalls optimieren mussten. Hier zeigt sich natürlich auch ein Nachteil, wenn nicht einfach auf verbindliche Standards abgestellt wird. Der Aufwand das ganze System im Griff zu behalten ist beträchtlich.

Wie gross ist der Einfluss der Wärmeerzeugung auf die energetische Performance von Gebäuden?

ww   Es gibt viele Konzepte zur Wärmeerzeu-gung; jede davon hat Vor- und Nachteile. Je nach Standort und vorhandenen Energiequellen sollten die geeignetsten Konzepte im Vorder-grund stehen, was leider nicht immer der Fall ist. Das Dümmste ist, immer nur ein Konzept zu bevorzugen. Unseren Energieverbrauch können wir nicht nur mit Holz oder Öko-Strom, Erd-wärme, Sonne, Öl, Gas oder Kohle abdecken; wir werden immer - oder zumindest noch für Jahr-zehnte - auf alle Energiequellen angewiesen sein und entsprechend unterschiedliche Konzepte anwenden müssen.

WOHNST DU NOCH ODER LEBST DU SCHON?

Robert Kaltenbrunner

NEUE WOHNQUARTIERE ZWISCHEN LIFESTYLE-PRODUKT UND NACHHALTIGEM STADTBAUSTEIN

In wachsenden deutschen Großstädten wie München, Berlin oder Frankfurt ist bezahlbarer Wohnraum bekanntlich knapp, und da der Bedarf mit der Einwohnerzahl weiter wächst, werden insbesondere einkommensschwächere Haushalte sukzessive aus den boomenden Zentren verdrängt. In gewisser Weise wird diese Problematik durch die sogenannte Energiewende, die auf Reduktion des Energiebedarfs und Steigerung der dezentralen Erzeugung erneuerbarer Energien setzt und so die Sanierung des Gebäudebestandes zwingend notwendig macht, noch verschärft. Denn nicht selten dienen energetische Sanierungen als Deckmantel für Luxussanierungen und fördern damit die Gentrifizierung. Eine zusätzliche Herausforderung entsteht durch den demografischen Wandel einer alternden Gesellschaft.

Legt man das klassische Drei-Säulen-Modell der Nachhaltigkeit zugrunde, so muss man anerkennen, dass bei der Entwicklung einer nachhaltigen Architektur in den Bereichen Ökonomie und Ökologie in den letzten Jahren erhebliche Fortschritte gemacht wurden. Die gesellschaftlichen Parameter haben sich allerdings keineswegs im gleichen Maß entwickelt. Gerade in Städten, in denen kein Konsens (mehr) darüber besteht, dass es einen substanziellen Anteil an gemeinnützigem Wohnungsbau geben muss, zeichnen sich fragwürdige Entwicklungen ab. Problematisch wird es insbesondere dann, wenn Gemeinwohlaspekte beim Wohnungsbau vernachlässigt und durch visuelle Anmutung und stadträumliche Inszenierung substituiert werden, wie es in Deutschland immer häufiger der Fall ist. Gerade weil soziale Nachhaltigkeit durch einen hohen Anteil an weichen und nur schwer messbaren Faktoren geprägt ist, wird sie vielfach eher behauptet als realisiert.

Was ist konkret zu beobachten? Projektentwickler und Wohnbauunternehmen reagieren auf die Wünsche ihrer Klientel, aber sie beeinflussen und steuern sie auch. Eine bestens verdienende „kreative Klasse" interessiert sich für Wohnungen, die sich deutlich von der Massenproduktion abheben, und setzt auf ein Quartierumfeld, das ihrem meist urbanen Lebensstil entspricht. Diese Passgenauigkeit lassen sich die LOHAS (Lifestyles of Health and Sustainability) und Bobos (bohemian bourgeois) gerne etwas kosten. Und exakt hier beginnt der Denksport der Investoren: Was können sie diesen Kunden anbieten, damit sie mit ihrem Kapital nicht im modernisierten, aber authentisch gewachsenen „Szenekiez" verschwinden?

Obgleich – oder gerade weil – das Quartier eine eher informelle Gebietstypisierung ist, in der aber ein starker Bezug zur Lebenswelt der Bewohnerinnen und Bewohner zum Ausdruck kommt, stellt es selbst für die meisten Städte längst die wichtigste Interventionsebene dar – ob nun beim langjährigen Hamburger „Stiefkind" Veddel, im Münchner Ackermannbogen oder auch auf dem Novartis-Campus. Doch nun tritt auch die Immobilienwirtschaft auf den Plan. Nicht mehr nur Einzelobjekte oder das eigene Portfolio werden ins unternehmerische Visier genommen, sondern das gesamte Quartier, das eine Art Matrix zwischen den Gebäuden darstellt und manchmal das eigentliche Alleinstellungsmerkmal des Wohnungsangebots ist.

Gleichzeitig leben wir in einer Zeit, in der sich zahllose postmoderne Lebensstile ausdifferenzieren. Diese Pluralisierung hat ein Ausmaß erreicht, das in der
vergangenen fordistischen Phase der Massenproduktion und des Massenkon-
sums zwischen Reihenhaus und VW Käfer noch nicht denkbar gewesen wäre. Die
„neue Unübersichtlichkeit", wie sie Jürgen Habermas 1985 einmal genannt hat,
ist aber keineswegs unüberblickbar, zumal die Wohnungsmarktanalysen neueren
Typs in der Regel auf der Untersuchung unterschiedlicher Wohn- und Lebens-
stilgruppen basieren. Bei einer Befragung von 30.000 Haushalten in Bremen
beispielsweise konnte nicht nur der Bedarf nach 14.000 Wohnungen nachgewiesen werden, es wurden auch zehn Wohnstilgruppen und deren qualitative
Nachfrage identifiziert. Kennt man die Sozialdaten und die Siedlungstypologie
von Quartieren, lässt sich aus der Studie ableiten, welche Gruppen in welchen
Größenordnungen in welche Lagen drängen. Das ist eine zweischneidige Sache,
denn in der Praxis nutzen Investoren die Daten, um herauszufinden, in welchen
Lagen mit einer zahlungskräftigen Kundschaft die höchsten Margen realisiert
werden können. Derart präzise Milieu-Informationen werden verstärkt nachgefragt und auch durch die Branchenverbände verteilt. Der gläserne Immobilien-
kunde oder -bewohner ist damit – hoffentlich – noch nicht entstanden, wohl
aber transparente Lebensstil-Cluster, die sich zu gut ansprechbaren Zielgruppen
verdichten lassen.

Damit beginnt eine noch nie dagewesene systematische Kommodifizierung der
Quartierentwicklung. Den Akteuren geht es dabei nicht um Weltverbesserung,
sondern um einen immer höheren Wirkungsgrad für eingesetztes Kapital. Pro-
duziert wird nicht großflächig und in großen Stückzahlen, wie etwa noch in der
Gründerzeit, sondern kleinteiliger, flexibler, individueller. Vermarktet wird nicht
nur eine Wohnung oder ein Haus, sondern ein lifestyle-adäquates Umfeld, de
facto das gesamte Quartier. Das neue hochpreisige Wohnen wird häufig mit dem
Versprechen verkauft, mit der Wohnung sei eine bestimmte – meist irgendwie
„urbane" und „individuelle" – Lebensweise verbunden und vonseiten der Entwickler werde alles getan, um diesen Lebensstil zu gewährleisten. Das Marketing
für neues innerstädtisches Luxuswohnen dreht sich fast immer um das Versprechen, das „Urbane" (in Form der vielfältigen Angebote der Stadt) und das
„Abgesicherte" (in Form eines über die Wohnung hinaus ausgeweiteten Bereichs
privater Häuslichkeit) zu verbinden.

Folgerichtig wird etwa das Quartier „Marthashof" in Berlin-Mitte vom Entwickler
Stofanel unter dem suggestiven Slogan „Urban Village" beworben. Ausgerichtet
an postmateriellen, internationalen Zielgruppen – die Webseite kann in deutscher,
englischer und italienischer Sprache gelesen werden –, ist von „ganzheitlicher
Philosophie", einem „ökologischen Anspruch" und gleichzeitig von „Funktionali-
tät" die Rede sowie von einem Quartierumfeld, das von „Freiraum und Gebor-
genheit" und von „Sicherheit und guter Nachbarschaft" geprägt sei. Das Projekt
orientiert sich also an einer globalen Mittel- bis Oberschicht, die ihre Lebensweise auf Nachhaltigkeit trimmt, eine salutogenetische Orientierung pflegt, dies
mit einem hohen Wohnkomfort und Urbanität verbinden möchte und dafür das
nötige Kleingeld bereithält– ein sehr spezifisches neues „Quartier" für eine sehr
spezifische Zielgruppe und im Übrigen ein voller Vermarktungserfolg.

Die CA Immo Deutschland, aus dem deutschen Bundeseisenbahnvermögen hervorgegangen und heute einer der wichtigen Entwickler innerstädtischer Flächen,
hat schon vor einiger Zeit „Urbanität" zum Schlüsselbegriff der Vermarktung

gemacht: „Unser wichtigstes Produkt heißt Urbanität. Was ist Urbanität? Für die einen ist es ein prickelndes Gefühl, pulsierendes Leben, die Konfrontation mit interessanten Szenarien und vielfältige Begegnungen jeden Tag erleben zu können. Für die anderen ist es das Zusammentreffen von physischer Nähe und sozialer Distanz am selben Ort." Allerdings besteht keine Stadt nur aus hipper Hochglanz-Urbanität. Dass sich dahinter mitunter handfeste Konflikte abzeichnen, wurde unlängst in den „Choriner Höfen" deutlich: Die gerade fertiggestellte Edelwohnanlage im Berliner Bezirk Prenzlauer Berg war Mitte Juli 2013 Ziel eines Anschlags große, rote Farbflecken prangten an der Fassade, viele Glasscheiben waren von Pflastersteinen zerschmettert worden. „Wir haben keinen Bock mehr auf eure Luxusghettos", hieß es in einem im Netz veröffentlichten Bekenner- schreiben. Dabei hatte der Projektentwickler Diamona & Harnisch doch nur „The Fine Art of Living" zu seinem Programm erhoben, die typische Berliner Miets- hausarchitektur neu interpretiert und den Innenbereich der verschiedenen Häuser mit vielfach fragmentierten Höfen geprägt. Die Unternehmensphilosophie, wie sie auf seiner Homepage zu lesen ist, zielt indes auf Größeres: „Wir bieten Ihnen eine Reihe hochwertiger und erstrangiger Residenzen in außergewöhnlicher Lage. Kreatives Leben und Arbeiten stehen hier im Einklang. Unser Anspruch ist es, einzigartige Kombinationen aus außergewöhnlicher Lebensqualität und anspruchsvoller Architektur zu schaffen. Mit Stil in der Stille leben und doch den Pulsschlag der Metropole spüren." Eine ideale Welt, in der noch jeder Wider- spruch harmonisch geglättet wird.

Noch systematischer geht die Interboden-Gruppe unter anderem in Düsseldorf vor, indem sie modulartige Quartiere anhand emotionalisierter Bau- steine projektiert. Ihre Grundidee: Der postmodernen Vielfalt an Lebensstilen (und damit Zielgruppen) will man mit einem relativ frei gestaltbaren Mosaik von „Lebenswelt"-Komponenten begegnen – fertig ist das „optimale" Wohnungs- angebot. Die Quartierorientierung wird sogar durch einen firmeneigenen Qualitätsstandard gewährleistet und als Alleinstellungsmerkmal gepflegt. Nicht die Wohnung, sondern die architektonische Vielfalt, der Genius Loci, Service- leistungen im Quartier, die Nachbarschaft und soziale Netzwerke werden in den Vordergrund gestellt. Die Gemeinschaft, die sich in der neuen, gemeinsamen Umgebung herausbilden soll, wird als Option für die Zukunft eingepreist und mitvermarktet. Dass sich das Unternehmen den Begriff „Lebenswelten" sogar markenrechtlich schützen ließ, setzt dem Ganzen die Krone auf.

Freundlich ausgedrückt, handelt es sich hier um intelligente Strategien mit dem Ziel, Wohnungen zu vermarkten und dabei Profit zu erzielen. Neu ist, dass man selbst auf einer vergleichsweise großmaßstäblichen Ebene nun Lebens- stile instrumentalisiert, um ökonomische Ziele durchzusetzen. Das Problem liegt in der „Anlage" – jenem baulichen Format, das Gebäude, Freiraum und Erschließung gleichsam zu einer Betriebseinheit zusammenfasst. Hier blühen Monokulturen aller Art, hier wird Homogenität zur Beschränkung. Kleinteilig strukturierte, von öffentlichen Räumen durchzogene Gebiete hingegen sind im Gegensatz dazu entwicklungsfähig. In einer Stadt, die über eine feine Körnung und ein feinmaschiges öffentliches Wegenetz verfügt, ist für ständige Verän- derung gesorgt: Es entstehen kulturelle und ökonomische Konzentrationen aller Art, die wandern, sich verändern und verschwinden, während an einem anderen Ort etwas auftaucht, von dem wir noch gar nicht wissen konnten. Diese Offenheit bietet freilich kein Investorenprojekt.

Nun sind die Situationen in Deutschland und der Schweiz nicht eins zu eins vergleichbar. Dennoch stellt sich hier wie da die Frage, welche Entwicklungsalternativen bestehen? Antworten findet man nur, wenn man sich auch auf einer grundsätzlichen Ebene bewegt. Soll der Prozess fortschreitender Markterweiterung beim Wohnen gestoppt werden, sind kommunale Steuerungsinstrumente unverzichtbar. Ein Beispiel dafür ist das Münchner Modell der „sozialgerechten Bodenordnung": Durch verbilligte Baulandabgabe unter Verkehrswert und einen dadurch vergünstigten Kaufpreis wird eine sozial gestaffelte Wohneigentumsbildung ermöglicht. Investitionen werden so nicht verhindert, und gleichzeitig wird die Kundenschicht nach unten verbreitert – ganz im Sinne vielfältiger, lebendiger, gemischter und ins weitere städtische Umfeld integrierter Quartiere. Ein weiterer Ansatz liegt in der Bildung (und kommunalen Unterstützung) von Baugemeinschaften – generieren sie doch womöglich einen *Mehrwert* gegenüber der Immobilienwirtschaft, denn in der Regel bauen sie mit eigenem, sorgfältig verwaltetem Geld und mit einem Bewusstsein für soziale Bindung und mit jenem Blick auf Dauerhaftigkeit, den der Wille zu den eigenen vier Wänden lehrt.

Augenscheinlich sind die Leitlinien der jeweiligen Stadtpolitik also von ganz entscheidender Bedeutung. In Zürich erweisen sie sich als günstig, zumal gezielte Bodenpolitik und Wohnbaugenossenschaften eine wichtige Rolle spielen. Was freilich nicht heißt, dass jedes Projekt gut wäre. Aber wenn zum einen Grundstücke im Baurecht an Genossenschaften vergeben werden und zum anderen deren Initiatoren und Ausführende Ambitionen haben, tragfähige Visionen entwickeln, Überzeugungskraft und Durchhaltevermögen an den Tag legen: dann kann ein Quartier entstehen, das nicht nur von der umgebenden Stadt profitiert, sondern ihr auch etwas zurückgibt.

Genau das geschieht auf dem Areal der ehemaligen Betonfabrik Hunziker in Zürich-Leutschenbach. Was die Baugenossenschaft mit dem programmatischen Namen „mehr als wohnen" hier in Kooperation mit der Stadt Zürich als gemischtes Wohnquartier realisierte, hat durchaus Modellcharakter: eine intensive Findungs- und Konsolidierungsphase, die bauliche mit sozialen Aspekten verwebt; die dezidierte Orientierung an Prinzipien der Nachhaltigkeit, wie sie sich in den Leitvorstellungen der 2000-Watt-Gesellschaft konkretisiert haben; ein offener Architektenwettbewerb, bei dessen Jurierung die Genossenschaftsmitglieder eingebunden waren; die Art und Weise der Integration des neuen Quartiers in den stadträumlichen Kontext; die Bandbreite an möglichen Wohnformen; die Berücksichtigung von Gewerbe; die äußerliche Unterschiedlichkeit der einzelnen Häuser bei gleichwohl stimmigem Gesamtbild; die selbstbewusste, urbane Bauform, frei von nostalgischer Heimeligkeit, frei aber auch von auftrumpfender Novitätensucht. Dieses Quartier darf man durchaus als gebautes Statement verstehen: Wie der soziale Zusammenhalt immer wieder – zu Recht – als Voraussetzung für die Zukunftsfähigkeit der Gesellschaft genannt wird, so stellt die Art und Weise des Wohnens eine zentrale Komponente der Lebensqualität dar, zu der die Architektur einen wertvollen Beitrag leisten kann.

Was auf dem Hunziker Areal umgesetzt wurde, ist eben keine Anlage, die Häuser, Plätze und Wege aus Renditeerwägungen zu einer geschlossenen Betriebseinheit zusammenbindet. Vielmehr stellt sie ein offenes und interagierendes System dar. Sie illustriert auf beispielhafte Weise, dass es besonders im Wohnungsbau neben der Bereitstellung von ressourcenschonender, energieeffizienter, dauerhafter und wirtschaftlich optimierter Architektur auch immer um soziale Durchmischung geht, um die Möglichkeiten von Kommunikation und Integration, um Partizipation und Stabilität. Dass die Projektentwicklung Schritt für Schritt erfolgte, dass Nachhaltigkeit hier nicht auf einem perfekten, vorab gefertigten Plan basierte, sondern in einem permanenten Dialog mit den künftigen Nutzern entwickelt wurde: damit stellte man das traditionelle Konzeptverständnis gleichsam auf den Kopf, denn üblicherweise wird in der Planungsphase zuerst ein beabsichtigtes Ergebnis formuliert und im zweiten Schritt überlegt, wie es erreicht werden kann. Hier wurde zunächst gefragt, wie eine Entwicklungsdynamik entfaltet werden kann, ohne dass gleich ein idealer Endzustand definiert wurde.

Dieses Prinzip der Prozessorientierung und des offenen, kooperativen Dialogs wurde konsequenterweise auch auf technische Sachverhalte übertragen. Man hat sich nicht den fixen Regularien eines Gütesiegels (etwa Minergie-P-Eco-Standard) untergeordnet, sondern es als Ansporn genommen, eigene Wege dorthin zu finden, indem sinnvolle Abweichungen und Kompromisse auf Gebäudeebene erlaubt wurden, um dann das Ziel auf Quartierebene zu erreichen. Dies ist eine offene Versuchsanordnung, mit der bewiesen werden sollte, dass Nachhaltigkeit auch mit Low-tech-Ansätzen erreicht werden kann. Kriterien wie Prozessqualität, räumlich-gestalterische und baulich-technische Qualität tragen zur Erhöhung des Wohlfühlfaktors und damit zur Stabilisierung eines sozial hochwertigen nachbarschaftlichen Gefüges bei. Allerdings lassen sich die Faktoren der sozialen Nachhaltigkeit, die sich auf das Zusammenleben der Bewohnerinnen und Bewohner auswirken, kaum quantitativ erfassen. Vielmehr spielt eine bedachte, zielgruppengerechte Konzipierung und Begleitung des Projektes eine zentrale Rolle für den Erfolg.

Der vergleichende Blick auf die oben erwähnten Quartierentwicklungen in deutschen Großstädten zeigt insofern einen scharfen Kontrast: Sie gaukeln zwar eine Art „romantischer Urbanität" vor, stehen jedoch exemplarisch für eine Grundhaltung von Bauträgern und Immobilienkonzernen, die mit einem impliziten Desinteresse für städtische Identität letztlich eher soziale Entmischung und urbane Gleichschaltung betreiben und in ihrem sturen Abarbeiten technischer Anforderungen viele Möglichkeitsräume einengen.

„mehr als wohnen" hingegen lässt – bei ausgeprägtem Kostenbewusstsein – Spielraum für Experimente und unkonventionelle Ideen. Die Baugenossenschaft hat den Anspruch, eine zukunftsfähige Marktstrategie für einen gemeinschaftsbildenden Wohnungsbau zu formulieren. Dementsprechend nutzt sie alle Rahmenbedingungen, indem sie sie gleichzeitig interpretiert und weitet. Hier werden nicht Hüllen für einzelne pseudo-urbane Wohnstil-Präferenzen betoniert; vielmehr kann Architektur als neues Bindemittel im gesellschaftlichen Gefüge wirksam werden. Und weil man sich bei der Quartierentwicklung, wie Robert Musil schrieb, in einem „dauerhaften Stoff von Häusern, Gesetzen, Verordnungen und geschichtlichen Überlieferungen" bewegt, werden solche nachahmenswerten Beispiele offenkundig als Bausteine für eine ebenso lebenswerte wie nachhaltige Stadt benötigt.

EINE ÖKONOMIE FÜR DIE GESELLSCHAFT, NICHT EINE GESELLSCHAFT FÜR DIE ÖKONOMIE

Ursula Baus

„Es wird eng" war der Titel eines Beitrags in der *Süddeutschen Zeitung* zum Thema städtisches Wohnen.[1] Wenn aber der üppige Raum, den ein Mensch in einer der reichsten Regionen der Welt zum Wohnen beansprucht, bereits als „eng" empfunden wird, zeigt das ein Problem, das mit dem Zürcher Projekt „mehr als wohnen" in Angriff genommen worden ist und im Folgenden in einen ökonomischen Kontext gestellt werden soll.

1
Paul-Philipp Hanske: „Es wird eng. Als große Familie in der Stadt wohnen?" In: *Süddeutsche Zeitung*, 27./28.12.2014, Seite 55

In Deutschland wohnte eine Person nach dem Zweiten Weltkrieg auf durchschnittlich 10 Quadratmetern; 2014 waren es 47.[2] Der Schweizer Durchschnitt liegt mit gegenwärtig 45 Quadratmetern[3] nur unwesentlich unter dieser Marge. Diese hohen Durchschnittswerte lassen sich zunächst als Indiz dafür werten, dass wir Mitteleuropäer über unsere Verhältnisse leben. Die soziale Dramatik dieses Werts erkennt man jedoch in seiner konkret aufgeschlüsselten Dimension: Manche Menschen bewohnen 5 bis 9 Quadratmeter, andere lustwandeln auf eigenen 150 bis 500 Quadratmetern. Manche Menschen leben in der Lausitzer Provinz oder in einem kaum besiedelten Schweizer Bergtal, andere mitten in Düsseldorf oder Zürich. Manche mit Blick auf die Elbe, andere mit indirektem Licht in einem Hinterhof. Manche leben auf der Straße, manche pendeln zwischen mehreren Wohnsitzen. Von all diesen Menschen darf man annehmen, dass sie in unterschiedlichen Vermögensverhältnissen leben. So meldete die FAZ im September 2014 zu einem Milliardärsreport, den die Schweizer Großbank UBS mit dem Datenanbieter Wealth X erstellt hat: „Der typische Milliardär ist 63 Jahre alt, männlich, verheiratet, hat sein Geld in der Finanzbranche gemacht, besitzt 3,1 Milliarden Dollar und vier Anwesen, die jeweils durchschnittlich 23,5 Millionen Dollar wert sind – aber nicht zwingend einen akademischen Titel." 775 Milliardäre stammen aus Europa, die meisten aus Moskau, London und Istanbul.[4] Das andere Extrem: 77 Prozent der Schweizer stimmten in einer Volksabstimmung 2014 gegen einen Mindestlohn von 18,50 Euro (in Deutschland liegt er bei 8,50 Euro).

2
Statistisches Bundesamt

3
Bundesamt für Wohnungswesen. Lage und Entwicklungstendenzen im Wohnungswesen. Grenchen. 13.5.2015

4
www.faz.net/aktuell/finanzen/meine-finanzen/sparen-und-geld-anlegen/nachrichten/es-gibt-mehr-milliardaere-als-jemals-zuvor-13158818.htm

WOHNEN UND WIRTSCHAFT

Ganze Generationen von Architekten und Bauherren befassten sich damit, wie allen Mitgliedern der Gesellschaft akzeptable Wohnverhältnisse zuteilwerden können. Gerade nach den Kriegszerstörungen begriff man die Verbesserung der Wohnverhältnisse als gesamtgesellschaftliche Aufgabe, der man sich verantwortungsvoll zuwandte – mit Ambitionen und Ergebnissen, die in der Geschichte des Wohnungsbaus durch eine große Vielfalt gekennzeichnet waren.

Doch in den letzten Jahren zeichnet sich eine befremdliche Entwicklung ab. In Deutschland verkaufen Bund, Länder und Kommunen die wichtigsten Instrumentarien, die sie haben, um sich um das Gemeinwohl – also auch das adäquate Wohnen aller Mitbürger – zu kümmern, an Private: Grund, Boden und Wohnungen. Dies nicht zuletzt, um öffentliche Haushalte zu sanieren. 1999 bis Mitte 2014 wurden mehr als eine Million Wohnungen und damit über 30 Prozent des Ganzen veräußert.[5] Der soziale Wohnungsbau kam mehr oder weniger zum Erliegen.

5
www.bbsr.bund.de

Wenn ehemals öffentliche Grundstücke und Wohnungen infolgedessen als private Wirtschaftsgüter in Umlauf kommen, verändern sich die Prämissen: Nicht gemeinwohlorientiertes Bauen wird verfolgt, sondern immobilienwirtschaftliche Interessen steuern die Preise in einem „Marktsegment", in dem Investoren, Fondsmanager und weitere Nutznießer die Renditen im Auge haben. Der öffentlichen Hand wird der Schwarze Peter zugeschoben, sich um die sozialen Belange der Wohnenden kümmern zu müssen. Konkret heißt das: Staatliches Fördergeld soll die Differenz zwischen bezahlbaren und marktüblichen Mieten ausgleichen. Dieser „Ausgleich" landet als Subvention in der privaten Immobilienwirtschaft. Allein 2012 haben in Deutschland Bund, Länder und Kommunen über die sach- und personenspezifische Förderungen letztlich die Bau- und Immobilienwirtschaft mit mehr als zwanzig Milliarden Euro subventioniert.

IMMOBILIEN- UND GELDWIRTSCHAFT

Die Immobilienwirtschaft ist gegenwärtig eine besonders lukrative Sparte der Geldwirtschaft, wobei ihr Anteil an der Gesamtwertschöpfung in Deutschland wie in der Schweiz rund 20 Prozent beträgt.[6] Wenn Finanz- und Währungskrisen wie in den letzten sieben Jahren ihren Lauf nehmen, kommt dies der Immobilienwirtschaft aufgrund ihrer Stabilität zugute. Denn Finanzierungsmodelle mit Festzinsen und Eigenkapitalquoten weisen Immobilien in Deutschland und in der Schweiz als weitgehend krisenunabhängige Investitionen aus. Zumal der Mietsektor in diesen Ländern, anders als etwa in den USA, eine hohe private Verschuldung von Wohnenden unterbindet, weil diese – und da schließt sich der Kreis – durch diverse, schon angesprochene Förder- und Subventionsprogramme unterstützt werden. Die Verflechtung des Wohnungsbaus mit privatwirtschaftlichen Interessen geht zulasten derer, die Bedarf auf dem Wohnungsmarkt, aber nicht genügend Geld haben. Dabei schlägt die *Subjekt*förderung mit Grundsicherung und Wohngeld erheblich zu Buche; die *Objekt*förderung hat in Bereichen wie der energetischen Sanierung, dem Denkmalschutz oder der Barrierefreiheit immerhin enge Bezüge zur Architektur. All dieses Geld landet letztlich in der Privatwirtschaft, und solange dies der Fall ist, wird sich „der Markt" nicht den Notwendigkeiten im Sinne des Gemeinwohls anpassen. Nur die Politik hat die Steuerungsmöglichkeiten, durch ihre Förderstrategien das System der Wohnungswirtschaft zu verändern.

6
Staub, Peter, Rütter, Heinz: *Die volkswirtschaftliche Bedeutung der Immobilienwirtschaft der Schweiz.* HEV; pom+ (Hrsg.); Zürich 2014

ÜBERLEBENSSTRATEGIE STATT ÖKONOMISCHER THEORIE

Soll sich daran etwas ändern, muss sich die Ökonomie mit anderen gesellschaftsrelevanten Entwicklungen befassen. Das tut sie so gut wie nicht, was man auf ihre weitgehende Theorielosigkeit zurückführen kann, die nicht mit Konzeptionslosigkeit verwechselt werden darf. Es gibt kaum ein Fach, in dem die Theorie dermaßen fehlt wie in den Wirtschaftswissenschaften. Konzepte und Strategien dienen in der verbreiteten ökonomischen Lehre in erster Linie dazu, bestehende Systeme und Dogmen funktionsfähig zu halten – und dürfen deswegen nicht als Theorie im systemkritischen Sinne gelten.

In der Geschichte der Disziplin, deren Ursprung im späten 18. Jahrhundert gesehen wird, orientieren sich Bedürfnisse zu Handeln und zu Tauschen explizit an selektiven individuellen Interessen – nicht im Sinne umfassender Freiheit und Würde des Einzelnen, sondern dominant in seinem Streben nach Macht, Einfluss, Wohlstand. Die persönliche Bereicherung ist als Kernintention des Wirschaftens ausgemacht, die keiner Theorie im gesamtgesellschaftlichen Interesse bedarf, solang sie funktioniert. Aus diesem Zusammenhang heraus wurde erst im späten 19. Jahrhundert überlegt – etwa von Owen, Fourier und Marx –, dass Politiker in das Handeln der gewinnorientiert arbeitenden Wirtschaft regulierend eingreifen müssen, wenn die Gesamtgesellschaft funktionieren soll.

Gewinne zu privatisieren und Verluste zu sozialisieren kennzeichnet als pragmatisches Handlungsprinzip alle Arten des Kapitalismus, der auf Wachstum angewiesen ist. Es ist also nur folgerichtig, dass heute weltweit weniger Individuen mehr vom Ganzen besitzen. Kapitalismuskritiker, die an bestehenden ökonomischen Lehren rütteln, gibt es gegenwärtig nur vereinzelt – man hört zum Beispiel Jeremy Rifkin gern zu und verleiht ihm Preise, aber was ändert das schon?

Die Weltwirtschaftskrise 1929 und alle mehr oder weniger heftig bis in unsere Gegenwart nachfolgenden Krisen bezeugen nur die Unzulänglichkeit bisheriger, abstrakter Wirtschaftsmodelle, die heute an den Hochschulen unterrichtet werden. In ihrer unaufgeklärten Hilflosigkeit postulieren Vertreter der Wirtschaft immer wieder dogmatisch die „normative Kraft des Faktischen", was bei vielen Regierungen in Anerkennung der „Systemrelevanz der Banken" gipfelt. Die Schwächen und den Zusammenfall nicht-kapitalistischer Systeme offenbaren die gesamtgesellschaftlichen Schwächen kapitalistischer Wirtschaftssysteme um so deutlicher, je krasser die in diesen Systemen nicht berücksichtigten Bedürfnisse von Menschen weltweit eingefordert werden. Dazu gehört auch, dass die Wirtschaftswissenschaft ihre Modellkrisen nie konsequent analysiert und die Wachstumsideologie nie ernsthaft infrage gestellt hat, obwohl spätestens seit 1972 Dennis Meadows die *Grenzen des Wachstums* aufgezeigt hat und bekannt ist, wie verheerend sich das Wachstum auf den Menschen und die Natur auswirkt.

HEISST IM BAUEN ....

Dass im teuren Wohnungsbau der Immobiliengesellschaften Risiken bezüglich Struktur, Grundriss, Form und vor allem bei Angeboten des Zusammenwohnens gescheut werden, ist die Folge der Theorielosigkeit und des ökonomischen Überlebenspragmatismus. Zumal beispielsweise in Deutschland rund 99 Prozent des Wohnungsmarktes privatwirtschaftlich und nur das kümmerliche 1 Restprozent in öffentlicher Zuständigkeit liegt.[7] Warum soll sich in diesem Umfeld ein Investor, der mit einem konventionellen Gebäude seine Rendite erwirtschaften kann, die Mühe machen, etwas Neues zu entwickeln, zu bauen und zu vermarkten? Das Problem liegt darin, dass ein Investor zwar rechnet, aber generell weder architektonischen Ansprüchen verpflichtet ist, noch soziale Verantwortung übernehmen muss. Gewiss gibt es Investoren, die im elitären „Premiumsegment" für die zuverlässig Wohlhabenden „Stararchitekten" engagieren. Im Portfolio eines Immobilienfonds bedeutet das „Hochwertige" eines Objektes in den meisten Fällen etwas ganz anderes als einen architektonisch hochwertigen Wohnungsbau.

Außerdem muss die Frage erlaubt sein, warum Immobilien so hohe Renditen abwerfen müssen. In wessen Interesse liegt diese Rendite? Von Kreditbanken über Investoren, Baugesellschaften bis hin zu den Notaren zwacken möglichst viele Beteiligte entlang einer möglichst langen Wertschöpfungskette ihren Teil ab. Wenn andererseits etwas gesamtgesellschaftlich Vernünftiges wie eine Mietpreisbremse vorgeschlagen wird, versuchen gut organisierte Lobbyisten, diese Gesetzgebung zu verhindern.

Das hat schlimme Folgen für Architektur und Stadtentwicklung. Experimente werden in einem auf stabile Renditen angelegten Marktbereich als Risiken gewertet und sind deswegen unerwünscht. Längst hat sich die Rasterarchitektur der zeitgenössischen Verwaltungsbauten in die Wohnhausarchitektur eingeschlichen. Ließ sich die Monotonie im Massenwohnungsbau der Nachkriegszeit durch dringend gebotene Notlinderung rechtfertigen, ist die heutige Misere aus

7
www.destatis.de

inhaltlicher Monotonie und gestalterischer Kakofonie wachstumsorientiertem, ökonomischem Druck geschuldet. Eine im Interesse aller Gesellschaftsmitglieder differenzierte Wohnungsbaukultur, die dem gemeinsamen, öffentlichen Raum verpflichtet ist, bleibt auf der Strecke.

GEGENKRÄFTE

Seit einigen Jahren bewähren sich jedoch beispielsweise Baugenossenschaften, kleinere Baugruppen und ähnliche Initiativen, in denen die Wertschöpfungskette kurz gehalten und letztlich das Wohnen preiswerter wird. An solchen Initiativen kann sich jedoch primär nur eine gut situierte, gebildete Mittelschicht mit klaren Distinktionsabsichten beteiligen. Beispiele sind die Zürcher Kalkbreite und das Berliner Spreefeld – ambitionierte Projekte, in denen Jung und Alt, Menschen unterschiedlicher Herkunft und stabilen Einkommens zusammenleben.

In den kompakten Bauten auf dem Hunziker Areal fällt nun auf, wie schlicht die sanitären Einrichtungen und Küchenmodule konfektioniert sind – zugunsten einer architektonischen Vielfalt aller anderen Bereiche, die angesichts eines so überschaubaren Quartiers ihresgleichen sucht. Solche diversifizierten Grundrisse und Erscheinungsformen kennt man allenfalls aus historisch gewachsenen Gebieten. Sie erinnern an das Wiener Modell mit seiner Vorgabe, dass die Stadt für alle gut zu bauen habe, oder an die Wohnexperimente der „documenta urbana" in Kassel-Dönche aus den frühen 1980er-Jahren.

Keine Frage: Was heute in der Schweiz im weitesten Sinne dem früheren sozialen und jetzt geförderten Wohnungsbau in Deutschland entsprechen könnte, hat bautechnisch ein hohes Niveau. Bemerkenswert auf dem Hunziker Areal ist vor allem die strukturelle Vielfalt, nach deren Sinn und Zweck zu fragen ist.

BEWOHNERSCHAFTEN

In unser auf den Wohnungsbau und die Wirtschaft geöffnetes Blickfeld müssen wir uns aber auch selbst rücken. Unsere Ansprüche ans Wohnen steigen stetig – nicht nur im Hinblick auf die Quadratmeterzahlen. Badezimmer werden zu Wellness-Oasen, Wohnzimmer zu Living-Landscapes und Küchen zu Hightech-Laboren. Immobilienwirtschaft und Konsumgüterindustrie wissen genau, in welchen Bevölkerungsschichten Geld zu erwirtschaften ist. Sie entwickeln Angebote, für die es im Grunde kein Bedürfnis, aber Nachfrage gibt. Anders gesagt: Es werden erfolgreich Märkte erfunden. Denn wer braucht zu Hause etwa einen *Kitchen Cabinet Tablet Mount*, um Rezepte vom Tablet lesen zu können, oder ein *Almighty Brett*, um eine Zwiebel auf einem Tablet mit integrierter Waage schneiden zu können? Wer stellt sich die Frage, ob die Temperatur des Brataöls mit einem ans Smartphone angeschlossenen Infrarot-Thermometer gemessen werden kann? Brauchen Haushaltsgeräte ein *EmotionLight*?

Aus dem an sich vernünftigen Wechselspiel zwischen Angebot und Nachfrage ist ein Teufelskreis geworden, in dem Anbieter Begehrlichkeiten wecken, denen zu viele Konsumenten erliegen, statt mit abweichender Nachfrage das Angebot zu steuern. Dennoch sind wir keineswegs nur Opfer von Konsumterror und Gewinnstreben.

Mit den Verhaltensweisen, zu denen sich die Bewohner des Hunziker Areals vertraglich verpflichten, lassen sich immerhin Zeichen setzen. Durch die Bindung an die Prinzipien der 2000-Watt-Gesellschaft und den Verzicht auf ein eigenes Auto müssen sich Gewohnheiten ändern. Solche und andere Vorgaben klingen zwar nach Beschränkung. Tatsächlich bieten aber das öffentliche, halböffentliche und private Wohnumfeld den Bewohnern des Hunziker Areals eine funktionale und räumliche Vielfalt, in der man auf etlichen „Schnickschnack" verzichten und sich den scheinbaren „Gesetzen des Marktes" verweigern kann. Gelingt das Zusammenleben im Hunziker Areal, so wäre das ein Beleg dafür, dass eine neue Theorie der Ökonomie auch aus der Praxis gesellschaftlichen Zusammenlebens heraus entwickelt werden kann. Eine solche Theorie wäre keine Gesellschaftstheorie im Interesse traditioneller Ökonomie, sondern eine Wirtschaftstheorie im Interesse der *gesamten* Gesellschaft.

MIT LOWTECH AUF DEM WEG ZUR 2000-WATT-GESELLSCHAFT

Andreas Hofer und
Manuel Pestalozzi

„Unsere Richtschnur ist die 2000-Watt-Gesellschaft", lautet einer der Kernsätze des Leitbilds der Baugenossenschaft „mehr als wohnen". Die 13 Wohnhäuser auf dem Hunziker Areal legen mit einer energiesparenden Bauweise, niedrigen Verbrauchswerten und einer sorgfältig ausgewählten Ausstattung beste Grundlagen für eine ressourcensparendere Lebensweise. Je tiefer die Verbrauchswerte durch technische Maßnahmen sinken, umso stärker beeinflusst das Verhalten der Bewohnerschaft im Alltag, beim Konsum- und Mobilitätsverhalten ihre persönliche Energiebilanz. Die Baugenossenschaft „mehr als wohnen" stellt sich dieser Herausforderung, nimmt Labels und technische Standards als hilfreichen Ausgangspunkt und versucht, einen Schritt weiter zu gehen. Damit eröffnen sich große Potenziale; es stellt sich aber auch die schwierige Frage, inwieweit eine Genossenschaft das Alltagsverhalten der Bewohnenden beeinflussen kann und darf.

LABELS UND VERHALTEN

Die Überlegung, wie ein nachhaltiges Projekt aussehen könnte und welche technischen, gestalterischen und funktionalen Aspekte dafür beachtet werden müssen, leitete den Planungsprozess von Beginn an. Der einstufige Projektwettbewerb, der 2008 bis 2009 zusammen mit der Stadt Zürich ausgeschrieben wurde, forderte sowohl städtebauliche Konzepte als auch architektonische Entwürfe mit exemplarischen Wohnungsgrundrissen. Dies ergab sich aus der Erkenntnis, dass sich Nachhaltigkeit nicht auf das einzelne Haus beschränken darf, sondern nur in einem größeren Quartiermaßstab und in einem permanenten Dialog mit den Bewohnerinnen und Bewohnern erreichbar ist. Im Sinne eines solchen Dialogs und als Reaktion auf die zum Teil problematische Homogenität bestehender Großsiedlungen wurde im Wettbewerb nicht nach einer fertigen Lösung gesucht; es bestand vielmehr von Anfang an die Absicht, den erstplatzierten Städtebauentwurf mit weiteren Preisträgern weiterzuentwickeln.

Die Fachstellen für „Nachhaltiges Bauen" und für „Projektökonomie" des Amts für Hochbauten prüften alle Entwürfe und stellten der Jury einen Bericht als Grundlage zur Verfügung. Es bestätigte sich, dass in einer frühen Projektstufe ein direkter Zusammenhang zwischen Ökologie und Ökonomie besteht. Einfache geometrische Faktoren (Kompaktheit, Verhältniszahlen von Geschossfläche zu Hüllfläche, Anteil der Fensterflächen, unterirdische Gebäudevolumen) haben deutliche Auswirkungen auf die energetische Leistung und die Baukosten. Erstaunlicherweise schnitten Projekte, die sich mit schlanken Zeilen auf hohe solare Gewinne konzentrierten, schlecht ab. Im städtischen Kontext dürfte es sinnvoller sein, auf Dichte zu setzen.

Dies zeigt sich exemplarisch beim erstplatzierten städtebaulichen Projekt „Fellini" der Arbeitsgemeinschaft Futurafrosch/Duplex Architekten. Kompakte, tiefe Bauvolumen und ein enges Netz von Wegen versprachen, die Qualitäten der innerstädtischen Quartiere in ein Entwicklungsgebiet zu transportieren. Gleichzeitig bot dieses Bild weitere Anknüpfungspunkte: Kurze Wege, ein zentraler Platz, Erdgeschossnutzungen für Gewerbe, gemeinschaftliche und kulturelle Funktionen bildeten den Ausgangspunkt, um ein reiches Quartierleben mit Synergien zu entwickeln und somit gewisse Mobilitätsbedürfnisse strukturell gar nicht erst aufkommen zu lassen. Das Bild der dichten, vielfältigen europäischen Stadt.

In der folgenden Projektentwicklung, im Rahmen der sogenannten Dialogphase, galt es, die weiteren siegreichen Architektenteams (Müller Sigrist, Miroslav Šik, pool) mit ihren Ideen in den übergeordneten Städtebau zu integrieren und die Häuser auf die Planungsteams zu verteilen. In dieser Phase wurden auch die technischen Konzepte festgelegt, die Kostenziele überprüft und den einzelnen Häusern bautechnische Experimente zugewiesen. Der erfahrene Haustechniker Werner Waldhauser begleitete die Suche nach innovativen Gebäudekonzepten und unterstützte die Genossenschaft bei der Formulierung ihrer Nachhaltigkeitsstrategie. Da „mehr als wohnen" mit der Stadt Zürich im Baurechtsvertrag höchste energetische Standards (Minergie-P) vereinbart hatte, ging es nun darum, diese Werte zu sichern und gleichzeitig Spielraum für Experimente und unkonventionelle Ideen zu lassen.

Das nachhaltige Bauen hat in den letzten Jahren einen Technisierungs- und Kostenschub ausgelöst. Die Gebäudetechnik wird immer komplexer, ihr Betrieb im Alltag immer anspruchsvoller. Als Baugenossenschaft, die ökonomische Ziele (möglichst günstige Mieten) mit ökologischen Zielen in Einklang bringen muss und über ihre demokratische Verfasstheit im engen Dialog mit der Bewohnerschaft steht, entschied sich „mehr als wohnen", Konzepte zu suchen, die hohe energetische Qualität mit möglichst wenig Gebäudetechnik ermöglichen. Robuste Lowtech-Lösungen kristallisierten sich als Leitmotiv heraus. Dass schon im Baurechtsvertrag das Label Minergie-P für alle Einzelgebäude nicht verpflichtend formuliert war, sondern der entsprechende Energiekennwert für die Siedlung insgesamt eingehalten werden sollte, öffnete Spielräume für Experimente. Allerdings wurde der Planungsprozess dadurch unerwartet komplex. Ständig musste überprüft, bilanziert und gerechnet werden. „mehr als wohnen" nutzte diese spannenden Diskussionen und machte sie in verschiedenen Veranstaltungen öffentlich zugänglich.

DIFFERENZIERTE STRATEGIEN

Die Suche nach pragmatischen technischen Lösungen prägte die Ausführungsplanung. Graue Energie, Energieeffizienz und die lokale Versorgung mit erneuerbarer Energie waren Themen, die die Agenda wesentlich mitbestimmten. Eine besondere Herausforderung war es, die im Dialog entwickelten Strategien gemeinsam mit der Totalunternehmung in einen verbindlichen Kostenrahmen zu fassen. Gleichzeitig mussten die konzeptionellen Diskussionen in die Ausführungsplanung überführt werden. Aufgrund der Größe des Projekts musste die haustechnische Bearbeitung auf verschiedene Ingenieurfirmen verteilt werden. Diese Schnittstelle erwies sich als anspruchsvoll. Die Ausführungsplanung stellte Grundsatzentscheide infrage, und es galt, Detailprobleme zu lösen, ohne dabei den eingeschlagenen Pfad zu verlassen. Umfangreiche Überprüfungen, Berechnungen und Simulationen waren erforderlich. Schließlich gelang es aber, die Grundprinzipien in den Bau zu überführen.

Der Quartierteil behielt bis in die technischen Details hinein eine außergewöhnliche Vielfältigkeit. Dies wird eine Analyse der Baukosten und Vergleiche unterschiedlicher Technologien im Hinblick auf ihre Effizienz und Akzeptanz im Betrieb ermöglichen. Neben konventionellen Massivbauten mit Kompaktwärmedämmung entstanden auch zwei Holzkonstruktionen und drei monolithische Häuser mit Einsteinmauerwerk respektive Wärmedämmbeton, die in konstruktiver Hinsicht Pioniercharakter haben. Bei der Gebäudetechnik setzte

„mehr als wohnen" verschiedene Lüftungssysteme ein und bot sich der Industrie als Plattform für die Erprobung innovativer Konzepte an.

DER WEG ZUM ZIEL

Neben der permanenten Überprüfung der energetischen Leistung erwies sich auch die Messung und Optimierung der grauen Energie und der ökologischen Bauqualität (Stichwort Minergie-Eco) bei einem Projekt dieser Größe als besonders anspruchsvoll. Hier zeigte sich auch, dass die Integration dieser Aspekte in die planerischen Abläufe noch weit weniger etabliert ist als die Berechnung der Betriebsenergie. Die Baugenossenschaft „mehr als wohnen" beauftragte in einer frühen Phase das Studio Durable mit der Berechnung der grauen Energie und erhielt damit die Grundlagen für Optimierungen der Konstruktionen. Die ausgesprochen kompakten Volumen und die Reduktion der Untergeschossflächen (drei Gebäude sind nicht unterkellert, und die Tiefgarage ist minimiert) ermöglichten ein Unterschreiten der anspruchsvollen Grenzwerte für graue Energie des SIA-Effizienzpfades. Bei der Dimensionierung der Tiefgarage zeigen sich auch komplexe Zusammenhänge zwischen verschiedenen Aspekten der Nachhaltigkeit. Erst ein Mobilitätskonzept mit einer massiven Reduktion individueller Abstellplätze (106 unterirdische Parkplätze in der Tiefgarage und 60 oberirdische Besucherparkplätze für 1400 Bewohnende und eine Reihe von Gewerbebetrieben) ermöglichte die Reduktion des unterirdischen Bauvolumens.

Zur Bereitstellung der Wärme für Raumheizung und Warmwasser arbeitete die Baugenossenschaft „mehr als wohnen" mit den Contracting-Spezialisten des Elektrizitätswerks der Stadt Zürich (EWZ) zusammen. Die Stadt Zürich als Baurechtgeberin war daran interessiert, die Abwärme eines Rechenzentrums, das sie mit dem städtischen Kompetenzzentrum Organisation und Informatik (OIZ) in unmittelbarer Nachbarschaft realisiert und 2012 in Betrieb genommen hatte, zu nutzen. Schlussendlich konnte im Rahmen eines Contractings eine Wärmeversorgung mit Wärmepumpen, die die 30 °C warme Serverabluft nutzen, und einem Energienetz, das alle Häuser mit zwei Temperaturniveaus (ein niedrigeres für die Raumheizung, ein höheres zum Aufladen der Wärmespeicher für das Warmwasser) versorgt, realisiert werden. Das bestehende Fernwärmenetz der Kehrichtverbrennungsanlage Hagenholz dient als zusätzliche Sicherheit und Ergänzung für diese Abwärmenutzung. Die Nutzung der Abwärme des Rechenzentrums war ein weiteres Argument für den Lowtech-Ansatz bei der Lüftung der Häuser. Lüftungen mit kontrollierter Zu- und Abluft und Kreuzstromwärmetauschern versorgen nur vier der 13 Gebäude. In den restlichen neun Gebäuden kommen einfache Abluftanlagen mit Überströmöffnungen in der Fassade (in den Rollladenkästen in Rahmenverbreiterungen über den Fenstern) zum Einsatz. Die konsequente Optimierung dieses Systems machte horizontale Lüftungsleitungen in den Decken unnötig und ermöglichte eine massive Einsparung an grauer Energie durch reduzierte Deckenstärken. Während Betondecken im Wohnungsbau heute 26 bis 28 cm dick sind, damit sie die komplexe Gebäudetechnik problemlos aufnehmen können, sind es bei „mehr als wohnen" in der Regel nur 20 cm.

Tiefe Vorlauftemperaturen der Heizung, große, kompakte Volumen und einfache Lüftungssysteme erlaubten einen weitgehenden Verzicht auf anfällige Steuer- und Regeltechnik. Berechnungen im Planungsprozess lassen erwarten, dass sich dies (trotz der leicht höheren Lüftungsverluste) aufgrund des deutlich niedrigeren Stromverbrauchs für die Lüftungsgeräte energetisch vorteilhaft auswirken wird Um diese Effekte zu überprüfen und um das Benutzerverhalten und allfällige Komfortprobleme beurteilen zu können, wurde ein Monitoring-system eingerichtet, das die Temperatur und die Feuchtigkeit jeder Wohnung im 15-Minuten-Takt misst und in ein Datennetz einspeist (E-Gain).

Die Baugenossenschaft „mehr als wohnen" versucht mit ihrem Projekt, die Technisierung der Wohnungen, die in den letzten Jahren massiv zugenommen hat, unter der Wahrung höchster Nachhaltigkeitsziele wieder zu reduzieren. Dieser Ansatz birgt gewisse Risiken im Alltag und setzt voraus, dass gut kommuniziert und auf Beschwerden von Bewohnenden kompetent und schnell reagiert wird. Die Baugenossenschaft „mehr als wohnen" erstellt zu diesem Zweck eine Controlling- und Kommunikationsstrategie. Um die Erfahrungen dieses Pilotprojekts auswerten zu können und breit verfügbar zu machen, wird eine Studie, die vom Bundesamt für Energie unterstützt wird, diesen Prozess in den nächsten drei Jahren begleiten.

SOZIALINTEGRATIV – DER GEMEINSCHAFTSGARTEN IM HUNZIKER QUARTIER

Doris Tausendpfund

Das Institut für Umwelt und Natürliche Ressourcen (IUNR) der Zürcher Hochschule für Angewandte Wissenschaften (ZHAW) Wädenswil hat im Jahr 2011 zusammen mit „mehr als wohnen" ein Urban-Farming-Projekt mit dem Titel „Die Vor-Gärten" initiiert. Das Projekt war eine erste Inbesitznahme des Areales. Es sollte die Aktivitäten von „mehr als wohnen" im Quartier bekannt machen, Anknüpfungspunkte, vor allem zur benachbarten Schule bieten, und den Planern und der Genossenschaft Aufschluss über mögliche Formen des Urban Farming, also des Anbaus von Nutzpflanzen im städtischen Umfeld, geben. So bieten die „Vor-Gärten" einen Vorgeschmack auf spätere Möglichkeiten, im neu entstehenden Quartier essbares Grün zu kultivieren und zu nutzen.

In einem ersten Schritt bepflanzte das IUNR zusammen mit einer 2. Klasse der Schule Leutschenbach mobile Kisten vor dem Pavillon der Genossenschaft „mehr als wohnen". In den folgenden Schuljahren bis zum Juli 2014 fanden dann während der Unterrichtszeit gemeinsame Aktionstage zu verschiedenen Themen rund um Nutzpflanzen statt. Dabei stand die praktische Erfahrung mit den Pflanzen im Vordergrund.

Die Schüler führten unter Anleitung unterschiedliche Arbeiten rund um die Nutzpflanze aus und erlebten das Säen, Wachsen und Reifen. Die Belohnung für die Arbeiten der jungen Gärtner ließ nicht lange auf sich warten, und bald konnte geerntet werden. Die Verarbeitung der geernteten Pflanzen ging schnell und unkompliziert vonstatten. Kinder kreierten eigene Kräutersalze, würzten ihr Schlangenbrot mit vor Ort gewachsenen Gewürzen und tauschten sich am Lagerfeuer über ihre Geschmackserlebnisse aus.

Es fand eine positive Interaktion innerhalb der Klassen und mit dem neuen Nachbarn, der Genossenschaft „mehr als wohnen", statt: Die Schüler erlebten die Entwicklung des neuen Quartiers. Die bepflanzten Kisten standen an einem öffentlichen Weg, und jedem war es freigestellt, auf den Sitzkisten Platz zu nehmen, zu degustieren oder einfach zu schauen, was sich um die Kisten herum tat. Das IUNR verstand sich als Moderator, leitete den Prozess und bot einen Rahmen für die Begegnungen von Menschen. Der gärtnerische Prozess (vom Anbau über die Pflege bis zur Ernte) fand in kleinen Schritten und in spielerischem Rahmen statt; die Schüler sollten Freude am Mitmachen haben, und der zeitliche Rahmen musste den Möglichkeiten der Schule entsprechen. Die Schule Leutschenbach bot gute strukturelle Voraussetzungen für das Projekt: Das Mittagessen wird vor Ort gekocht, und das Lehrerkollegium war offen für die hier beschriebenen Prozesse.

Die Pflanzungen stießen auf reges Interesse; sie erzeugten Neugier, und es kam nur zu harmlosen Vandalismusakten: Eine Stachelbeerpflanze und ein reifer Kürbis wurden entnommen; eine verschwundene Rhabarberpflanze tauchte jedoch nach den Sommerferien wieder auf.

DAS PROJEKT ENTWICKELT SICH

Die Baugenossenschaft „mehr als wohnen" schenkte der Schule Leutschenbach im zweiten Jahr (d. h. 2012) zwei der bepflanzten Kisten, „Grün Stadt Zürich" stiftete weitere drei für die Vergrößerung des Pflanzprojekts. Die Kinder haben beim Umzug „ihrer" Kisten tatkräftig geholfen. Eine an der Überbauung beteiligte Baufirma stellte einen Gabelstapler mitsamt Fahrer zur Verfügung. Dank der umsichtigen Mithilfe durch die Schule und Gärtner der „Grün Stadt Zürich" wurde der ideale Standort für die Kisten gefunden. Die Kinder füllten

Die Tröge des Urban-Farming-Projekts mit
den Kindern der Schule Leutschenbach
mussten mehrmals umziehen. Im Frühling
2015 konnte dann der erste feste Boden
auf dem Areal bepflanzt werden.

eigenhändig Splitt und Substrat ein. Später zeichneten sie Bilder mit der erhofften Ernte. Ihr Stolz und ihre Einsatzbereitschaft bildeten den Nährboden, auf dem sich ein menschliches, sympathisches Beziehungsgeflecht zwischen der Baugenossenschaft „mehr als wohnen", der Schule Leutschenbach und „Grün Stadt Zürich" entwickelte. Die Kinder freuten sich, das Wachstum täglich mitzuerleben, und steckten die anderen Schüler mit ihrer Begeisterung an. Wenn die Schulküche Produkte aus den Kisten verarbeitet, dann sind das Lebensmittel, die Lebensfreude in sich haben. Es entstehen Gerichte, die Geschichten erzählen.

Es wurden ausschließlich essbare, geschmackvolle und zum Großteil einheimische Pflanzen verwendet. Bei ihrer Auswahl spielten ästhetische Kriterien eine Rolle, da sie auch ein gestalterisches Element im öffentlichen Raum waren. Die besonderen Standort- und Wachstumsbedingungen sowie der für das Projekt notwendige minimale Pflegeaufwand bildeten weitere Kriterien. Im Rahmen der Aktionstage konnten sich die Schulkinder Wissen über die Pflanzen aneignen.

Die Pflanzen in den Trögen unterschieden sich in Wuchszyklus und Lebensdauer. Die Ernte sollte nicht zu kahlen Gefäßen führen. Gehölze (Felsenbirne, Kornellkirsche), die mit der Zeit eine Vielzahl von Früchten bilden und deren Aussehen von der Ernte unabhängig ist, bildeten ein ganzjähriges Grundgerüst. Stauden (Wiesenknopf, Süßdolde) von ausdauerndem und von Jahr zu Jahr zunehmendem Wuchs und einem besonderen Geschmack ergänzten diese. Die produktivsten Pflanzen sind die einjährigen (Tomaten, Stielmangold). Mit ihrem Wachstumszyklus verändern sie ständig das Bild der Tröge und dank ihrer Wuchskraft können sie auch als „Lückenbüßer" dienen. Eine Mischung aus zwei Dritteln ausdauernden und einem Drittel einjährigen Pflanzen erwies sich als optimal.

Bereits mit geringem Pflegeaufwand lässt sich ein breites Sortiment an Nutzpflanzen anbauen und ernten. Das Gießen direkt nach dem Setzen und bei anhaltenden Hitzeperioden und gelegentliches Jäten reichen aus. Durch den Einsatz der Schulkinder konnte der Pflegeaufwand und somit die Pflanzenproduktion intensiviert werden. Die Arbeiten erfolgten unter der Anleitung eines Schülers, der zum „Gartenmeister" gewählt wurde. Diese Position bringt Pflichten und Verantwortung mit sich und stärkt dabei die Identifikation der Schüler mit dem Projekt. Die Kinder konnten mit dem Setzen, Pflegen, Ernten, Verarbeiten und Lernen eine starke Beziehung zu den Nutzpflanzen aufbauen. Ein Glücksfall war der Schulkoch. Sein Kontakt zu den Schülern, seine Mithilfe, die Verwendung der Pflanzen zum Kochen und der anschließende Genuss der verarbeiteten Produkte war sinnstiftend.

Wichtig ist die Nähe der Pflanzen zu den Wegen und dem Alltag der Kinder. Erst als die Tröge im unmittelbaren Umfeld der Schule standen, war eine Intensivierung von Anbau und Pflege möglich.

ICH – WIR – ALLE

Mit den „Vor-Gärten" nahm ein dynamischer Prozess seinen Anfang. Das Projekt wurde zum Bindeglied zwischen den Kindern der Leutschenbach-Schule und dem wachsenden Quartier. Sie erkannten, dass nachbarschaftliche Räume nicht einfach entstehen, sondern dass sie gestaltet werden können, und dass ihr Beitrag geschätzt wird. Die Kinder tragen diese Erfahrung in ihre Familien und leisten so wichtige Vernetzungsarbeit in die bestehenden Quartiere.

Dabei konnten wir einige Lehren ziehen:

- Eine prozesshafte Umsetzung ist der Schlüssel zum langfristigen Erfolg.
- Der direkte und unkomplizierte Zugang zu Nutzpflanzen ist bedeutend.
- Pflanzen leisten einen Beitrag zur sozialen Nachhaltigkeit in Quartier-entwicklungsprozessen.

Auf dem Hunziker Areal wird nun unter dem Motto: „Vom Ich zum Wir zum Alle" ein Gemeinschaftsgarten eingerichtet. Dabei wird eine neue Kultur im Anbau von Nutzpflanzen sichtbar; weg vom klassischen, abgegrenzten Schrebergarten, hin zu einer Gartengemeinschaft und im besten Fall zu einer offenen Fläche für alle im Quartier.

Die Aufbruchstimmung, welche die Pioniergenossenschaft „mehr als wohnen" auslöst, und das Trendthema urbanes Gärtnern insgesamt bieten sehr gute Voraussetzungen, um Menschen, die sich nicht als Gärtner verstehen und die bisher kaum eine Beziehung zu Pflanzen hatten, im Garten zusammenzubringen. Der Gemeinschaftsgarten stellt einen idealen, niederschwelligen Anknüpfungs-punkt dar, um Beziehungen mit anderen Genossenschaftern aufzubauen. Man spricht miteinander über die Pflanzen und lernt sich auf diese Weise kennen. Gärtnern bietet von der einfachen manuellen Tätigkeit bis zum komplexen Wissen über Anbaumethoden und die Bedürfnisse unterschiedlicher Pflanzen verschie-densten Menschen die Möglichkeit, sich einzubringen. Vielleicht werden manche den Kontakt zu Eltern oder Großeltern suchen, deren Wissen auf diesem Gebiet bisher kaum gefragt war und zu verschwinden drohte.

Dies alles zu koordinieren und den Prozess zu einem stimmigen Ganzen zu bringen, ist eine Herausforderung, aber darin liegt auch das Potenzial. Die Bewohner bestimmen, wie Inhalt und Ablauf des Prozesses aussehen. Sich auf einen Prozess einzulassen, sich treiben zu lassen, öffnet neue Türen. Dafür bedarf es des Mutes, der Ausdauer und der Bereitschaft, seinen eigenen Stand-punkt immer wieder zu reflektieren. Wird die Gartengemeinschaft bereit sein, die Ernte der gesamten Quartierbevölkerung zugänglich zu machen und so allen den Zugang zu frischen, vor Ort gewachsenen Nutzpflanzen zu ermögli-chen? Eine allfällige Gegenleistung oder Entschädigung ist bewusst nicht geplant worden, sondern soll sich vielmehr aus dem Prozess heraus entwickeln.

ZUKUNFTSPERSPEKTIVEN

Gartenerfahrene steuern ihre profunden Erkenntnisse bei. Der frische, unver-stellte Blick von Laien auf den Themenbereich „Nutzpflanzen" erweitert den Horizont, und es wird viel ausprobiert. In dieser Konstellation kann das Potenzial der Nutzpflanze für ein nachhaltiges und bildendes Gärtnern ausgeschöpft werden.

Im Rahmen der aktuellen Urban-Gardening-Bewegung sollten Strukturen geschaffen werden, die nachfolgenden Generationen bessere Möglichkeiten zur Produktion eigener Nutzpflanzen im direkten Wohnumfeld geben, etwa durch die Einrichtung des Berufsbildes einer „Prozessfachkraft Urban Gardening", die professionelle Hilfe leistet, damit hoffnungsvolles Anbauen nicht in kollektivem Frust endet.

Das Potenzial von Urban Farming liegt vielleicht darin, dass Menschen den prallen Geschmack einer Frucht erleben, die bis zur Vollreife an der Pflanze belassen wird. Das macht Konsumenten zu Produzenten. Wie groß der Beitrag ist, den Urban Farming zur Nahrungsmittelversorgung und zur Unabhängigkeit von der konventionellen Produktion mit ihren Ressourcen- und Transportproblemen leisten kann, hängt von der langfristigen Wertschätzung jedes Einzelnen ab.

Im neuen Quartier kann die sich bildende Nachbarschaft eine nachhaltige Nahrungsmittelversorgung aufbauen, indem sie ihre Ressourcen an Zeit, Kraft und finanziellen Mitteln bündelt. So oder so: Im neuen Gemeinschaftsgarten wird ausgehandelt und umgesetzt, und es entsteht etwas Sichtbares, Handfestes im Quartier. Geschaffen von den Bewohnern. Ob man nun einen Zugang zu Pflanzen hat oder nicht; essen muss jeder.

5

MEHR ALS WOHNEN – EIN ABC
Andreas Hofer
164–171

AGENDA
172–175

MEHR ALS WOHNEN – EIN ABC

Andreas Hofer

ALLMENDE

Gleich wie „Genossenschaft" ein altes, sehr schweizerisches Wort. Bei „mehr als wohnen" löst es den Begriff „Gemeinschaftsraum" ab, der einerseits zu eng und andererseits zu unkonkret ist. Gemeinschaft ist eine Tätigkeit. Sie kann bei einem Fest, bei der Gartenarbeit, bei Diskussionen oder in der Sauna erlebt werden. Sie ist das „Wir" (→ Ich – wir – alle) auf der Skala von privat bis öffentlich. Im Ausland finden viele die schweizerischen Wohnprojekte faszinierend, betonen aber sofort, dass all dies bei ihnen nicht möglich wäre, weil die Schweiz offenbar eine lange Tradition des Gemeinschaftlichen habe. Dies stimmt, ist aber gleichzeitig eine faule Ausrede. Das 20. Jahrhundert war das Zeitalter der Trennung von Funktionen und gesellschaftlichen Zusammenhängen. Mit viel Geld und Marketing förderten Politik und Industrie das Subjekt, die Kleinfamilie und den individuellen Konsum. In einer alternden Gesellschaft und angesichts der begrenzten Ressourcen müssen wir nun neue Praktiken einüben. Der Rückgriff auf alte Begriffe und Praktiken kann dabei eine Strategie sein.

BETONELEMENT/BRUNNEN

Der Aushub der großen Infrastrukturbauwerke in der Innenstadt (Seebahneinschnitt, Keller der Blockrandbebauungen) überdeckte das Ried in Zürich Nord und machte es vor hundert Jahren erst bebaubar. Der Riedgraben in seinem Einschnitt zeigt das ursprüngliche Terrain. In Leutschenbach siedelte sich das Gewerbe an. Der Baukonzern Steiner (→ Totalunternehmung) begann als Fensterfabrik; die Firma Hunziker produzierte Betonelemente. Einige Betonplatten erinnern heute auf dem Platz um den Tiefgaragenabgang und westlich vom Haus Dialogweg 7 an diese Vergangenheit. Betonelemente als Sockelverkleidung sind ein wichtiges architektonisches Element von „mehr als wohnen". Die Erdgeschosse sind vier Meter hoch und robust. Die Firma SAW aus dem St. Galler Rheintal hat sie geliefert. Das größte vorfabrizierte Element ist aber der Brunnen auf dem Hunziker-Platz, der per Sondertransport im Mai 2015 angeliefert wurde.

CHINESISCHE ARCHITEKTUR/CLUSTERWOHNUNG

Ein Vortrag an einem trüben Wintermorgen in Burgdorf vor 30 chinesischen Planern, Architekten und Behördenvertretern über das schweizerische System des genossenschaftlichen Wohnungsbaus. Undurchdringliche Mienen, eine bleierne Stimmung, keine Fragen, keine Diskussion. Plötzlich geht ein Raunen durch die Gruppe, erschreckte Gesichter, die Folie zeigt das Haus mit Clusterwohnungen von Duplex Architekten. (→ Duplex Architekten) Das darf man nicht. Das verzogene Rechteck des Grundrisses stört die Harmonie. Es folgt ein angeregtes Gespräch über kulturelle Werte, Tradition, Familienformen und Gemeinschaftlichkeit. Das Eis ist gebrochen.

DUPLEX ARCHITEKTEN

Anne Kästle und Dan Schürch von Duplex Architekten schlossen sich für den Wettbewerb mit Futurafrosch zusammen und entwickelten als Arbeitsgemeinschaft das Projekt „Fellini", das im Frühling 2009 sowohl als städtebauliches Projekt als auch als exemplarisches Einzelgebäude mit der kongenialen Umsetzung der Clusteridee, die sich ähnlich im Städtebau und im gebauten Haus Dialogweg 6 findet, den ersten Preis erhielt. Duplex gewann während der Projektierung und Realisierung von „mehr als wohnen" mehrere Wettbewerbe und ist heute ein erfolgreiches Büro.

EINSTEINMAUERWERK

ZZ Wancor vertreibt das Einsteinmauerwerk Porotherm des österreichischen Konzerns Wienerberger in der Schweiz. Mit dem Dämmbetonhaus an der Genossenschaftsstrasse 13 sind die beiden Einsteinmauerwerkhäuser von Duplex Architekten (→ Duplex Architekten), Dialogweg 6 und Genossenschaftsstrasse 16, Beispiele für die Suche von „mehr als wohnen" nach einfachen, direkten Materialisierungen. Selbst wenn diese teilweise im Widerspruch zur Reduktion der grauen Energie stehen, sind wir fasziniert von der Wertigkeit monolithischer Konstruktionen und glauben, dass sich finanzielle und energetische Investitionen in Häuser, die ein langes Leben versprechen, lohnen. Das Einsteinmauerwerk zeigt auch, dass „einfach" im Detail anspruchsvoll sein kann. Das Material erfordert eine tiefgehende Auseinandersetzung mit seinen Möglichkeiten, damit ihm die Konstruktion gerecht werden kann. Die Verwendung unterschiedlicher Konstruktionen und Technologien war eine der Herausforderungen für alle Beteiligten von „mehr als wohnen". Es galt, vieles neu zu entwickeln und in die komplexe Baulogistik zu integrieren. Dieser Aufwand ist nur im Rahmen eines „Pionierprojekts" möglich; wir erfreuen uns aber am Reichtum der Siedlung, der sich auch in den Materialexperimenten zeigt.

FUTURAFROSCH

Mit ihrem Büchlein „Kodex – ein Handbuch für die Qualitätssicherung im Wohnungsbau" haben die Architektinnen Futurafrosch 2007 den Ideenwettbewerb „Wohnen morgen" gewonnen und damit ein Ticket für nachfolgende, konkrete Projekte – schlussendlich „mehr als wohnen" – bekommen. Sabine Frei und Kornelia Gysel, in der Arbeitsgemeinschaft mit Duplex Architekten (→ Duplex Architekten), gewannen diesen Projektwettbewerb souverän. Mit ihrer Umsetzung des Clusterprinzips im Städtebau und in der Architektur gelang ihnen eine poetische und gleichzeitig leistungsfähige Interpretation des überfrachteten Wettbewerbsprogramms. Ob die Clustertypologie mit ihrer Flexibilität und kongenialen Interpretation gesellschaftlicher Bedürfnisse die Gründerzeitwohnung des 21. Jahrhunderts wird, wird sich in den nächsten Jahren zeigen. Futurafrosch haben die technokratische Moderne ohne plumpe Rückgriffe überwunden und bauen stimmungsvolle Räume, die Bühnen für den Alltag sind. Hier zeigt sich ihre ernsthafte und gleichzeitig spielerische Auseinandersetzung mit Architektur, die für sie immer auch Szenografie ist.

GÄSTEHAUS

Immer wieder überraschten uns die Möglichkeiten, die die Größe des Projekts eröffnet. Sie führt zu Gelassenheit. Was hier nicht geht, funktioniert vielleicht zwei Häuser weiter. Ein Netz von Funktionen, Synergien, Räumen und Möglichkeiten baut sich auf. Ein paar Gästezimmer sind bei neueren Genossenschaftsprojekten üblich. Im Maßstab des Hunziker Areals können es aber auch 20 sein: eine Dimension, die eine professionelle Bewirtschaftung ermöglicht und Stellenprozente zulässt, die lange Öffnungszeiten der Rezeption finanzieren und dem Restaurant Frühstücksgäste sichern. Das Konzept der Allmende (→ Allmende) greift auch hier. Einen Seminarraum kann die Genossenschaft für Versammlungen nutzen; zusammen mit weiteren Räumen entsteht eine flexible Infrastruktur, die auch für Betriebe und das Quartier wertvoll ist.

HAGENHOLZ

Den Flurnamen verbinden die meisten mit der Kehrichtverbrennungs-anlage. Irgendwo da draußen gibt es ein Zivilschutzzentrum, die Studios des Schweizerischen Fernsehens, ein World Trade Center. Der Bus Nr. 781 fährt an die Giebeleichstrasse in Glattbrugg. Was gibt es dort zu sehen? Die Hagenholzstrasse ist auch eine eindrückliche Platanenallee. Projekte wie „mehr als wohnen" haben eine komplexe Unterwelt (→ U-Boot): Trafostationen für Strom, Retentionsbecken für Gewitter, Fernwärmeleitungen, Unterflurcontainer, Tiefgaragen. Alle diese unsichtbaren Bauwerke wirken auf den oberirdischen Horizont. Sie verhärten Oberflächen und greifen in den Wurzelraum bestehender Bäume. Wir haben für jeden gekämpft und schlussendlich meistens verloren. Das kleine Gehölz am Saatlenfussweg, das an die ursprüngliche Riedlandschaft erinnerte, ist zu einem kümmerlichen Rest geschrumpft. Die während der Bauphase aufwendig geschützten Bäume an der Hagenholzstrasse mussten letztendlich doch zum Großteil gefällt werden. Im Rahmen einer Neugestaltung der Hagenholzstrasse werden neue Platanen gepflanzt.

ICH – WIR – ALLE

Doris Tausendpfund, die sich an der Hochschule für angewandte Wissenschaften in Wädenswil mit der Pflanzenverwendung im urbanen Raum beschäftigt, begleitete „mehr als wohnen" mit Urban-Gardening-Projekten. In einem Bericht unterteilte sie das Areal in Flächen des „Ich", des „Wir" und des „Alle". Diese urban-agronomische Definition wurde zu einer Metapher für das ganze Projekt. Stadt ist das ständige Austarieren und Aushandeln persönlicher Bedürfnisse, gemeinschaftlicher Aktivitäten und der Frage des Verhältnisses des Individuums zu Gemeinschaften.

JOULIA

„mehr als wohnen" lud die Bauindustrie zu einem Markt der Ideen ein. Gibt es Produkte, die kurz vor Markteinführung stehen und den Schub der praktischen Anwendung brauchen? Die Duschtasse „Joulia" leuchtete uns sofort ein. Sie schließt einen simplen Kreislauf, indem das warme abfließende Duschwasser das kalte Frischwasser vorwärmt. „mehr als wohnen" ließ 30 Joulia-Duschen einbauen. Wie immer galt es, Unternehmer zu überzeugen und Risiken abzuschätzen, und wie immer tauchten die Probleme an unerwarteten Stellen auf. Wo befestige ich den Duschvorhang, wie verhindere ich eine Überschwemmung im Bad? „Joulia" gibt es mittlerweile als Version 2.0, die die Wärmerückgewinnung in einen separaten Wärmetauscher auslagert.

KÜNSTLER

Eine schöne – in der Wirtschaftskrise vor dem Zweiten Weltkrieg etablierte Tradition verpflichtet Genossenschaften, auf städtischen Baurechtsgrundstücken 0,5 bis 1,0 Prozent der Baukosten in Kunst zu investieren. Das haben wir gerne gemacht. Während Brunnen mit nackten Knaben ältere Genossenschaftssiedlungen zieren, wurden bei „mehr als wohnen" dialogische Prozesse für das Kunst- und Bauprojekt gesucht. Ein Kuratorium entwickelte Konzepte und Formate und definierte drei Phasen: Aneignung, Bauprozess, Alltag. Irene Grillo und Stefan Wagner gestalteten Phase I, die Gebrüder Riklin mit ihrem Atelier für Sonderaufgaben Phase II. Karin Freitag führte mit ihrem Kunstblog Tagebuch. Die Kunstprojekte sind eine Herausforderung. Die grassierende Mode, alles zu Kunst zu erklären, und die Übergriffe von Künstlern auf soziale Prozesse zelebrierten die Riklin-Brüder exemplarisch, indem sie „mehr als wohnen" zur SUZ, zur Social Urban Zone erklärten. Im Moment freuen sich die Mitglieder von „mehr als wohnen", dass die Manifesta eine Clusterwohnung als Homebase nutzt und dass der Tenor Christoph Homberger sich in das Projekt verliebt hat und hier seinen musikalischen Salon eröffnen wird. Wie Phase III aussehen wird, ist offen. Möglicherweise wird sie gar nicht als kuratiertes Projekt gebraucht, weil die Bewohner des Hunziker Areals selbst genügend künstlerische Kraft entwickeln.

LANDSCHAFTSARCHITEKTUR

Klaus Müller und Rita Illien, die Landschaftsarchitekten von „mehr als wohnen", waren die einzigen Planer, die bis zum Schluss das Areal in seiner Gesamtheit gestalteten. Ihr Entwurf ist ein Meisterstück der komponierten Diversität. Sie reihen nicht Funktionen aneinander, sondern setzen Nutzungen mit Oberflächen und Bepflanzungen in Beziehung. Inspiration für den Hunziker-Platz als Herz eines urbanen Raums war der Idaplatz. Drei kleinere Plätze bilden als Satelliten – über Gassenräume verbunden – Ankerpunkte, bevor sich das Areal zu seiner Umgebung öffnet. Am Riedbach und im Andreaspark entsteht eine Weite – Allmenden (→ Allmende), die teilweise Freiräume für die Aneignung und Gestaltung durch die Bewohnenden sind.

MÜLLER SIGRIST

Nachdem Müller Sigrist im Februar 2009 den Wettbewerb für die Kalkbreite gewonnen hatten, folgte im Mai der nächste Erfolg mit einem zweiten Preis für das exemplarische Einzelgebäude für „mehr als wohnen". Müller Sigrist hielten sich städtebaulich eng an die Vorgaben des Leitbilds und entwarfen einen Mäander, in dem innere und äußere Straßen und Treppen das komplexe Raumprogramm verbanden. In der Dialogphase (Frühjahr bis Herbst 2009) übertrugen sie eine Idee dieses Projekts auf das Gebäude am Dialogweg 11. Die beiden Treppenhäuser erschließen auf zwei Halbgeschossen Wohnungen, die sich mit überhohen Wohnzimmern in einer verwirrenden dreidimensionalen Figur verzahnen. Das Haus Hagenholzstrasse 104 bereichert den Hunziker-Platz mit einem vertikalen Garten und bildet mit Restaurant, Gästehaus und Rezeption das Eingangstor zum Areal. Das Haus Genossenschaftsstrasse 5 und 7 ist das vielleicht konventionellste der 13 Häuser, ein Block mit Familienwohnungen und zumietbaren Zimmern. Peter Sigrist starb Anfang 2014 und erlebte die Fertigstellung seiner Projekte nicht mehr.

NAGELSTUDIO/NUTZUNGSMISCHUNG

Unter den vielen am Projekt Beteiligten gab es zwei Haltungen: Wenn das Nagelstudio kommt, ist das Projekt gestorben. Und: Wenn das Nagelstudio kommt, hat das Projekt seine Ziele erreicht. Der Schönheitssalon „Beauty Eggä", bietet seine Dienstleistungen nun in einem kleinen Raum am Dialogweg 7 auf dem Hunziker Areal an. Ebenso ein Frisörsalon in der Hagenholzstrasse 106, eine Geigenbauerin in der Genossenschaftsstrasse 13 und zwei Restaurants: Hagenholzstrasse 104 und Genossenschaftsstrasse 18. Wir haben lange über der Aufgabe, die Erdgeschossnutzungen zu aktivieren, gebrütet. Was heißt es, ein Quartier im Niemandsland zu schaffen; was wird benötigt, damit Quartiergruppen tätig werden und Plattformen des Teilens aufbauen; was wird benötigt, damit ein Quartier entsteht? Das Hunziker Areal, ein Unort an der Peripherie von Zürich, ist jetzt Teil der Stadt geworden.

ORGANIGRAMM

Alle Namen zusammengenommen, die auf den sich über die verschiedenen Projektphasen verändernden Organigrammen auftauchen, sind ein eindrückliches Who is Who der Zürcher Planungs- und Bauszene. Bauen ist immer auch ein Kommunikationsprojekt. In der Dimension von „mehr als wohnen" droht Kommunikation zur entscheidenden Klippe zu werden. Dass das Projekt nicht über sie stürzte, ist schlussendlich dem Engagement und Willen der Beteiligten zu verdanken. Das gemeinsame Ziel, etwas Exemplarisches zu schaffen, war dabei der mentale Motor, der ab und zu ins Stottern kam, aber offensichtlich bis zum Ende durchhielt.

POOL

Es gab größere Diskussionen während der Jurierung, ob dieses sperrige Projekt, das zwei Längsbauten von Norden nach Süden und einen linearen Platz dazwischen vorschlug, funktionieren würde, ob es sich in einen anderen Städtebau transformieren ließe und ob es Ausdruck einer zu simplen oder zu radikalen Haltung gegenüber der Aufgabe sei. pool versprachen, auf dem Platz das schönste Bodenmosaik nördlich der Alpen anzubringen, und sie konjugierten mit großer Lust in den beiden Zeilen Dutzende von Wohnungstypen und Wohnideen. Dafür erhielten sie schlussendlich einen Preis als Joker im folgenden Dialogprozess, in dem sich die Architekten in den siegreichen Städtebau integrieren und diesen bereichern mussten. Sie spielten in der Folge genau diese Rolle. Überall, wo städtebauliche Schwierigkeiten auftauchten, entwarfen pool ein Haus. Sie tauschten Häuser mit Kollegen, bis letztendlich ihre Triade feststand: ein schwerer Betonwürfel mit 30 Metern Kantenlänge am Hunziker-Platz, in seinem Schatten das kleinste und weichste Holzhaus mit seinem Wintergarten als Kompensation für die durch den großen Bruder beschattete Lage und die fehlenden Balkone. Das dritte Haus, Hagenholzstrasse 108, erwies sich als Bastard. Statik, Kosten, Nutzung, nichts als Probleme. Der Totalunternehmer (→ Totalunternehmung) weigerte sich, einen Preis für dieses Haus zu garantieren, und in den Verhandlungen über die Kosten des Gesamtprojekts hätte die Hagenholzstrasse 108 fast zu einem schweren Streit zwischen „mehr als wohnen" und der Firma Steiner geführt. Wir wissen bis heute nicht, weshalb, vielleicht hat aber – wie in einer sehr großen Familie – ein Kind einfach Pech. In diesem Haus befindet sich eine der schönsten Wohnungen: die Wohnung am schlechtesten Ort, im Nordosten.

QUALITÄT

Die Häuser von „mehr als wohnen" sind räumlich großzügig. Einige haben fantastische Innenhöfe. Wir nannten es „Wette auf die Dichte": die Vermutung, dass sehr große und tiefe Gebäude im Innern Räume erlauben, die quasi gratis anfallen. Wenn diese einfach materialisiert sind, scheint die Wette aufzugehen. Die rohen Betonwände irritieren einige der Besucher und Bewohnenden. Initiativen wollen hier nachbessern. Hoffentlich sind sie nicht allzu erfolgreich. Qualität war auch ein ständiger Konflikt zwischen den Architekten, der auf Standardisierung und Rationalisierung bedachten Bauträgerschaft und der ausführenden Totalunternehmung. Welche Details sind wichtig, wo lassen sich Skaleneffekte nutzen? Diese Widersprüche führten zu den meisten Konflikten. Wir begegnen diesem Drang zur perfekten Gestaltung mit einer gewissen Gelassenheit. „mehr als wohnen" lebt nicht von architektonischen Details, sondern von seinen Inhalten und der Gesamterscheinung.

RISIKO

No risk, no fun. Niemand, der Pionierprojekte baut, weiß, worauf er sich einlässt; sonst gäbe es sie nicht. Auch „mehr als wohnen" trieb alle Beteiligten an Grenzen. Auf der anderen Seite sind Risiken auf dem Zürcher Immobilienmarkt begrenzt: Wenn sich eine Großwohnform nicht bewährt, gibt es eben ein zusätzliches studentisches Wohnprojekt. Spezialisten warnten uns, dass neue Wohnformen gar nicht so stark nachgefragt würden, dass Menschen suchten, was sie kennen. Das mag richtig sein, lässt aber außer Acht, dass wir uns im Moment in einer fundamentalen demografischen Transformation hin zu einer älteren und fragmentierten Gesellschaft befinden. „mehr als wohnen" hatte den Auftrag, den Rahmen konventionellen Wohnungsbaus zu dehnen. Diese Experimente sind nicht Risiken, sondern Lernchancen.

MIROSLAV ŠIK

Das Wettbewerbsprojekt von Miroslav Šik war dem Städtebau von Futurafrosch/Duplex am ähnlichsten. Er schlug große Einzelvolumen vor. Die Neuerfindung war, dass er diese teilweise über die Diagonale zusammenschob und so labyrinthische Grundrisse für die Groß- und Spezialwohnformen schuf. Mit dem Haus Genossenschaftsstrasse 18 wurde diese Typologie gebaut. Zwei fantastische Innenhöfe mit je einem Treppenlauf bilden im Grundriss ein Unendlichkeitszeichen. Nicht nur, weil die städtebauliche Idee von Miroslav Šik mit dem ausgeführten Projekt verwandt war, sondern auch wegen seiner systematischen Suche nach qualitätvollen Wohnungen in großen Häusern, gleichen sich seine drei Häuser und sind eine Variation eines Themas der zwiebelförmigen Anlagerung von Erschließungs-, Funktions- und Wohnräumen um Innenhöfe und diagonalen Wegen zum Licht in den Gebäudeecken. Miroslav Šik – als Vertreter einer älteren Architektengeneration, ETH-Professor und Respektsperson – hat Ehrfurcht und auch Ängste ausgelöst. Selbst wenn er bis zum Schluss immer wieder kritische Bemerkungen zum Projekt und dessen Realisierung äußerte, verursachte der Bau seiner Häuser die wenigsten Probleme. Sie stimmen, passen und verankern das Quartier am Ort, und die Genossenschaftsstrasse 18 löst eine schwierige, städtebauliche Gelenksituation.

TOTALUNTERNEHMUNG

Während vieles bei „mehr als wohnen" experimentell und prozesshaft organisiert war, suchte die Genossenschaft Kosten- und Terminsicherheit, indem sie das Projekt mit einer Totalunternehmung realisierte. Diesen Entscheid kritisierten viele – vor allem Architekten, weil sie dadurch während der Ausführung Detailentscheide nur noch beschränkt beeinflussen konnten. Auf der anderen Seite brauchte die Genossenschaft einen professionellen und starken Partner, um das komplexe Projekt in den Griff zu bekommen. Nach einer sorgfältigen Vorbereitung und der Ausschreibung mit dem Baumanagementbüro b+p übertrug „mehr als wohnen" die Ausführung im Dezember 2011 der Steiner AG. Ab diesem Zeitpunkt erfolgte die Projektentwicklung im spannungsvollen und schlussendlich erfolgreichen Dreieck zwischen Architekturteams/Fachplanenden, der Totalunternehmung und der Genossenschaft.

U-BOOT

Die 13 Häuser von „mehr als wohnen" stehen auf 1300 Verdrängungspfählen von bis zu 45 Metern Länge. Der tragfähige Grund liegt noch tiefer; die Pfähle stabilisieren die Häuser im ehemaligen Ried- und Sumpfgebiet (→ Hagenholz). Jeder von ihnen wurde nach dem Abteufen auf seine Tragfähigkeit geprüft. Wenn sie nicht ausreichte, kam ein Pfahl in der Nähe dazu, und die Ingenieure mussten die Fundamentbankette anpassen. Der Baugrund war schwierig und inhomogen, kaum versickerungsfähig und wassergetränkt. Neben der Tragfähigkeit lösten der hohe Grundwasserspiegel und die mangelnde Retentionsfähigkeit knifflige, kostspielige und konfliktreiche Prozesse und Maßnahmen aus. Ein Pfahl war beim Belastungstest verschwunden, im Morast versunken, ein U-Boot im Schwemmland von Zürich Nord.

VERANTWORTUNG

Architektur ist immer auch eine Machtgeste. Wer entwirft und baut, gestaltet Lebensräume für Menschen, die nur einen begrenzten Einfluss auf das Resultat haben. Wenn gleich ein ganzer Quartierteil neu gebaut wird, ist diese Macht noch viel größer. Deshalb forderte Lucius Burkhard 1968, dass „Bauen ein Prozess" (→ Organigramm) werden müsse, in dem sich der Architekt entgegen dem veralteten „Architektenbild" nicht mehr als großer Meister, „sondern als gleichwertiges Mitglied in einem interdisziplinären Team" verstehen sollte (Lucius Burckhardt, Walter Förderer: *Bauen ein Prozess.* Teufen, 1968). Im Falle von „mehr als wohnen" übernahm die Bauträgerschaft einen Teil dieser Rolle. Eine ganz wesentliche Leistung war die Moderation der verschiedenen Bedürfnisse von Fachleuten, Behörden und Laien, die flexible Adaption der Ziele auf das Mögliche, ohne die Grundsätze – insbesondere die Preisgünstigkeit – aus den Augen zu verlieren.

WOHNUNGSNOT

Offizielle Stellen haben das Wort nicht gern. Sie sprechen von Knappheit und ineffizienter Allokation; bürgerliche Kreise behaupten, dass wir es nicht mit Wohnungsnot, sondern mit übertriebenen Ansprüchen und falschen Anreizen zu tun haben. Statistisch spricht einiges für dieses Argument. Die durchschnittlichen Mieten in Zürich sind erstaunlich tief, aber die Menschen, die auf günstige Wohnungen angewiesen sind, finden keinen Zugang. Genossenschaften stecken in einem Dilemma. Je stärker ihre Mieten vom Markt abweichen, umso mehr klammern sich ihre Mieter an die günstigen Wohnungen. Wenn sie ihre Siedlungen ersetzen, zerstören sie billigen Wohnraum. Der einzige Ausweg besteht in zusätzlicher Produktion. Insofern haben die Stimmberechtigten von Zürich richtig entschieden, als sie 2011 einer Erhöhung des Anteils gemeinnützigen Wohnungsbaus von 25 Prozent auf 33 Prozent zustimmten. Nur so lässt sich langfristig ein stabiler Bestand günstiger Wohnungen aufbauen. „mehr als wohnen" zeigt dies exemplarisch: Als neue Genossenschaft konnte sie Haushalten, die bisher nicht vom gemeinnützigen Wohnungsbau profitierten, Wohnraum anbieten.

XENOPHOBIE

„mehr als wohnen" befindet sich in einer Schwamendinger Exklave nördlich des Bahndamms und ist somit Teil des größten, genossenschaftlich dominierten Quartiers von Zürich. Während Schwamendingen in den 60er-Jahren ein attraktives Wohnquartier für den Mittelstand war und seither sozial abgestiegen ist, während hier das Fremde als Verlust von schweizerischen Sicherheiten wahrgenommen wurde (was sich auch im Abstimmungsverhalten Schwamendingens niederschlug), eröffnet „mehr als wohnen" einen neuen Zugang zum Fremden und zur Integration. Viele Menschen aus schwierigen Verhältnissen fanden hier eine günstige Wohnung, doch die Architektur und das integrative Konzept geben ethnischer und sozialer Vielfalt ein neues Gesicht. Sie ist nicht Last, sondern Wert. Diese Kultur im Alltag zu pflegen, wird eine große Herausforderung für die Verwaltung und das Zusammenleben sein.

YOGA

Neben Familien mit kleinen Kindern zog „mehr als wohnen" auffällig viele Menschen an, die sich beruflich oder aus Interesse mit Umwelt- und gesellschaftlichen Fragen auseinandersetzen. Diese erkannten offenbar das Potenzial, sich bei „mehr als wohnen" einzubringen und das Projekt mitzugestalten. „mehr als wohnen" beweist somit, dass sich das Bedürfnis nach nachhaltigen und gemeinschaftlichen Wohnformen nicht auf innerstädtische Trendquartiere beschränkt, sondern breite Kreise der schweizerischen Gesellschaft erfasst hat. Dieses Publikum lebt bewusst und ist anspruchsvoll. Es ist nicht zufällig, dass in zwei Gewerberäumen Tanz, Bewegung und Körperarbeit angeboten werden und dass sich die ersten Quartiergruppen (→ ich-wir-alle) mit Ernährung, Tauschgeschäften und Yoga beschäftigen.

ZUKUNFT

Der deutsche Soziologe und Sozialpsychologe Harald Welzer hat den Begriff „Geschichten des Gelingens" geprägt. Die Verfechter alternativer Lebensstile verzweifeln häufig daran, dass ihr gelebtes Vorbild nicht sofort von Mehrheiten angenommen wird. Weshalb sind wir nicht alle Vegetarier, wenn wir die Zustände in Schlachthöfen und die Umweltauswirkungen der Fleischproduktion kennen? Doch Gesellschaft ist etwas Komplexes und in ihrer Dynamik widersprüchlich. Gleichwohl sind erfolgreich gelebte Alternativen von unschätzbarem Wert. Sie sind Laboratorien (→ Risiko) möglicher Zukünfte, Kerne von neuen Lebensstilen, Beiträge für andere Entwicklungsrichtungen. Dies gilt für ein großes Wohnprojekt umso stärker. Wenn „mehr als wohnen" Lebensstile definieren würde, wäre es eine Gated Community von Gutmenschen. Als Plattform für die Experimente seiner Bewohnerinnen und Bewohner wird es aber Einfluss ausüben.

AGENDA

2007

2015

2007

05.12.   Gründung der Baugenossenschaft „mehr als wohnen"

2008

31.01.   Workshops mit allen Mitgliedern und Formation von Arbeits-
            gruppen zu den Themen: Nutzung, Wirtschaft, Ökologie,
            Technologie und Eigentum

17.05.   Erster Echoraum: Stand der Dinge

22.07.   Architekturwettbewerb lanciert

Juli   Workshop „Kostenreduktion im Gemeinnützigen Woh-
            nungsbau"

Oktober   26 Architekturbüros nehmen am Architekturwettbewerb teil.

07.11.   Erstes Informationstreffen für die Mitglieder der Genossen-
            schaft

2009

Januar   25 der Architekturteams haben ihren Vorschlag eingereicht.

02.02.   Erste Themenkonferenz

14.03.   Zweiter Echoraum: Architekturwettbewerb

30.03.   Die Jury des Architekturwettbewerbs entscheidet, sie wählt
            den siegreichen Städtebau und vergibt drei weitere Preise
            für Hauskonzepte.

09.04.   Öffentliche Mitteilung über den Entscheid im Architektur-
            wettbewerb

05.05.   Erster Workshop Projektüberarbeitung: Dialogphase

Juli   Erste Gespräche mit der Stadt Zürich über die Integration
            von Kindergarten und Kindertagesstätte

19.09.   Dritter Echoraum: Die Gewinnerteams des Architekturwett-
            bewerbs erhalten Feedback und Input.

24.09.   Präsentation der Resultate der Wettbewerbsüberarbeitung
            (Dialogphase)

12.11.   Workshop „Markt der wegweisenden Ideen": Präsentation
            von Technologien und Konzepten durch die Bauindustrie
            und die Planungsbüros

2010

30.03.   Vierter Echoraum: Nachhaltige Konstruktion bezüglich
            Gebäudetechnik und Energie/innovative Ideen zu
            Gebäudehülle und Gebäudetechnik

April   Vorplanung mit den Architekten (fünf Architekturbüros und
            ein Landschaftsarchitekturbüro) und den Fachplanern

14.05.   Futurafrosch und Duplex publizieren die Broschüre „Häuser
            im Dialog – ein Quartier entsteht" als Zusammenfassung der
            Dialogphase und Leitbild für die weitere Projektierung

15.06.   Fünfter Echoraum: Stand des Projekts, Berichte aus den
            Themengruppen

22.06.	GV entscheidet über Baukredit: CHF 180 Mio.
14.07.	Baubewilligung der Stadt Zürich/der Gemeinderat gewährt das Baurecht und ein Überbrückungsdarlehen
11.11.	Sechster Echoraum: Gebäudetechnik und Energie

2011

Januar	Beginn des Auswahlverfahrens für einen Unternehmer, der „mehr als wohnen" baut (Totalunternehmervertrag).
02.03.	Kostendachangebot der Totalunternehmung
03.03.	Siebter Echoraum: Kunst und Konstruktion
09.03.	Erste Phase Kunst und Bau mit Irene Grillo und Stephan Wagner
18.03.	Startworkshop Projektoptimierung mit Steiner AG und Planungsteams
30.05.	Urban-Farming-Projekt in Zusammenarbeit mit der Schule Leutschenbach
Mai	„Einfrieren" des Projekts für Übergabe an den Totalunternehmer
18.07.	Durchführung der ersten „Sommerspielstadt". Schulkinder können während der Sommerferien in einer Animation auf der Brache ihre Wunschstadt bauen.
26.07.	Stangenfest/Baueingabe
03.11.	Achter Echoraum: Nutzung Erdgeschoss
28.11.	Startveranstaltung „Stadtteilwerkstadt ohne Grenzen"; mehr als wohnen vernetzt sich im Quartier
29.11.	Baubewilligung durch die Stadt Zürich erteilt
08.12.	Entscheid der Straßenbenennungskommission: Hunziker-Platz, Genossenschaftsstrasse, Dialogweg
15.12.	Unterzeichnung des Vertrags mit Totalunternehmung Steiner AG

2012

Januar	Erweiterung der Geschäftsstelle mit einem Bauprojektleiter
02.04.	Neunter Echoraum: Freiwilligenarbeit
Mai	Dritte Generalversammlung: Mit einer Statutenänderung bestimmen die Mitglieder, dass „mehr als wohnen" eine autoarme Siedlung sein soll.
16.05.	Schlusspräsentation Bauprojekt, Beginn Ausführungsplanung
31.05.	Stadtratentscheid Wohnbauförderung für 20 Prozent der Wohnungen
01.07.	Baubeginn
03.07.	Plattenhebung anstelle eines Spatenstichs
Sommer	Konzept für die Vermietung der Gewerberäume; Beginn der Vermietung

September | Das Institut für Geistes- und Naturwissenschaften der Fachhochschule Nordwestschweiz veranstaltet bei „mehr als wohnen" eine Quartierwerkstatt: „Stadtentwicklung durch starke urbane Nachbarschaften" und entwickelt am Beispiel „mehr als wohnen" Konzepte für lokale Ökonomie, Alternativwährungen und Nahversorgung.

12.11. | Zehnter Echoraum: Organisation eines lebendigen Quartiers

2013

19.03. | Elfter Echoraum: Quartierwährung
09.04. | Vorstellung Leitbild maw
24.04. | Grundsteinlegung; Gründung der ersten Quartiergruppen
26.09. | Erste öffentliche Baustellenführung
31.10. | Erste Wohnungsanmeldungen möglich

2014

Februar | Erste Wohnungsvergabe
18.03. | Präsentation der Studie von Matthias Probst, „mehr als wohnen und die 2000-Watt-Gesellschaft"
01.09. | Bezug der Geschäftsstelle im Neubau Hagenholzstrasse 104
22.10. | Erste Schlüsselübergabe für das Haus Genossenschaftsstrasse 11
01.11. | Öffentliche Besichtigung des ersten Hauses. Das Architekturteam und die Genossenschaft laden vor dem Bezug jedes Hauses zur Besichtigung ein.
01.12. | Erste Hausversammlung
03.12. | Kinder entdecken ihr neues Zuhause.

2015

März | Das Bundesamt für Energie bewilligt ein dreijähriges Forschungs- und Monitoringprojekt der ökologischen Performance von „mehr als wohnen" und ihrer Optimierung.
09.05. | Eröffnung Gästehaus Hunziker und Behindertenwerkstatt „züriwerk"
13.05. | Studie: *Erstvermietung auf dem Hunziker Areal: Instrumente - Prozesse - Erfahrungen*, Corinna Heye, raumdaten GmbH
16.05. | Bezug des letzten Hauses: Genossenschaftsstrasse 16
04.07. | Eröffnungsfest

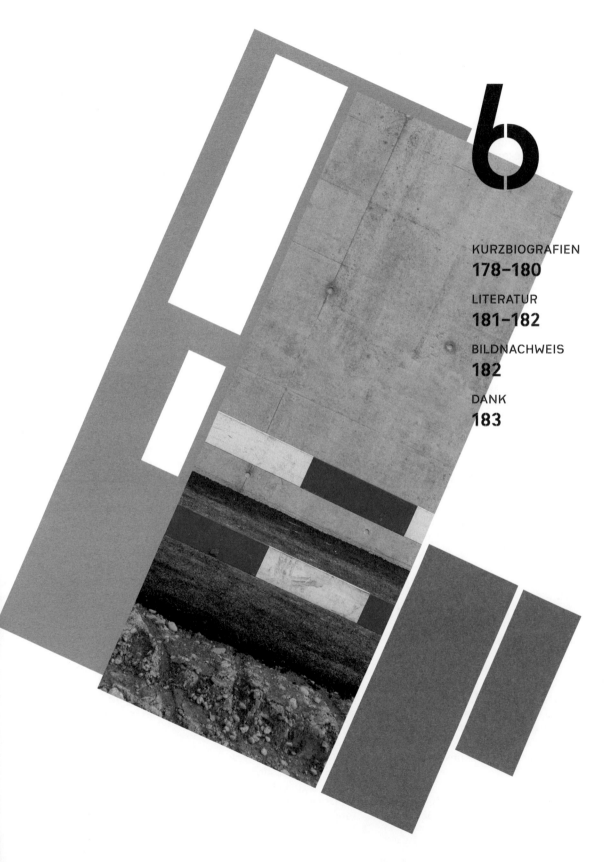

6

KURZBIOGRAFIEN

JÜRG ALTWEGG
Geboren 1970 im Kanton Zürich. Berufslehre als Radio-TV-Elektriker. Studium der Elektrotechnik. Tätigkeit in verschiedenen Fachbereichen: Computernetzwerke, technische Dokumentation, Maschinenbau und Bauwirtschaft (Mehrgenerationenhaus „Giesserei"). Eidgenössischer Fachausweis Erwachsenenbildung.

URSULA BAUS
Dr.-Ing.; Studium der Kunstgeschichte, Philosophie und Archäologie in Saarbrücken. Architekturstudium in Stuttgart und Paris. Promotion. Bis 2004 Redakteurin, danach freie Architekturpublizistin und -wissenschaftlerin. Bis 2010 Lehraufträge für Architekturkritik und -theorie in Stuttgart. Seit 2010 im Kuratorium der IBA Basel 2020. Bis 2012 Beirätin der Bundesstiftung Baukultur. 2004 Mitbegründerin von frei04 publizistik, Stuttgart. Prize Expert des Mies van der Rohe Award.

THOMAS BOROWSKI
Geboren 1966 in Wallisellen. Kaufmännische Lehre; mehrjährige Arbeit im internationalen Rohstoffhandel. Anschließend Zweitwegmatura an der KME Zürich. Studium der Publizistikwissenschaften, Englischen Literatur und Soziologie an der Universität Zürich. Seit 2003 in verschiedenen Redaktionen journalistisch tätig. Seit Herbst 2011 selbstständige Tätigkeit in den Bereichen Text- und Pressearbeit.

PATRICIA COLLENBERG
Geboren 1968. ZHdK Textildesignerin, ZHdK Weiterbildung im Bereich Szenografie Kunstpädagogin. Gründerin von COLLENBERG/PONICANOVA Zürich (Modelabel). Leiterin OKIDOKI - Spielplatz für Kunst, Gestalterische Projekte für Kinder und Jugendliche mit Schwerpunkt Kunstvermittlung. Aufträge für diverse öffentliche und private Institutionen der Stadt Zürich. Lehrtätigkeit im Bereich Kostüm, Bühnenbild und Textiles Gestalten.

DIETMAR EBERLE
Geboren 1952 in Hittisau (Vorarlberg). Studium der Architektur an der TU Wien; Mitbegründer der „Vorarlberger Baukünstler". Zusammenarbeit mit Carlo Baumschlager 1984–2009; Führung des international renommierten Büros baumschlager eberle in Lustenau. Lehrtätigkeit an den Hochschulen in Hannover, Wien, Linz, Syracuse (N.Y.), Darmstadt, Madrid, Jerusalem und Hongkong. Seit 1999 Professor für Architektur und Entwurf, ETH Zürich, und Leiter ETH Wohnforum – ETH CASE (Centre for Research on Architecture Society and the Built Environment).

ANGELUS EISINGER
Geboren 1964, habilitierter Städtebau- und Planungshistoriker. 2005–2008 Professor für Städtebau und Raumentwicklung an der Hochschule Liechtenstein. 2008–2013 Professor für Geschichte und Kultur der Metropole an der HafenCity Universität Hamburg. Seit 2010 Mitglied des wissenschaftlichen Beirats der IBA Basel 2020. Seit 2013 Direktor der Regionalplanung Zürich und Umgebung (RZU). Beratungs- und Konzeptarbeit in Städtebau und Raumentwicklung.

MARIE GLASER
Dr. phil.; Studium der Literaturwissenschaft, Ethnologie und Volkskunde. Führt seit Herbst 2014 gemeinsam mit Margrit Hugentobler die interdisziplinäre Forschungsgruppe ETH Wohnforum – ETH CASE. Als wissenschaftliche Leiterin gemeinsam mit Dietmar Eberle verantwortlich für den postgradualen Kurs Master of Advanced Studies MAS ETH in Housing. Arbeitsschwerpunkte: Kultur- und Sozialgeschichte des Wohnens, Wohnforschung, Hausbiografien, soziale Nachhaltigkeit in der Quartierentwicklung.

KORNELIA GYSEL
Geboren 1975. Studium der Architektur an der ETH Zürich, danach praktische Vertiefung der Bereiche Bühnenbild, Architektur und Städtebau. Mitarbeit in Architekturbüros im In- und Ausland sowie in Unterricht und Forschung. 2009 Gründung der Futurafrosch GmbH mit Sabine Frei. Seit 2011 Teilnahme an Jurys und Expertisen, seit 2013 Mitglied der Stadtbildkommission Schaffhausen.

CORINNA HEYE
Geboren 1974 in Berlin. Studium Mathematik und Geographie, Universität Kiel. Wissenschaftliche Assistentin am Geographischen Institut der Universität Zürich 2001–2008; am ETH Wohnforum 2006–2007. Promotion zu „Sozialräumliche Prozesse in urbanen Räumen der Schweiz", Universität Zürich. 2008–2010 Partnerin bei Fahrländer Partner Raumentwicklung. 2011 Gründung und Geschäftsführung der raumdaten GmbH. Seit 2012 Dozentin zu Wohnen und Stadtsoziologie in verschiedenen Nachdiplomstudiengängen (u. a. HSLU, SIREA, CUREM).

SARAH FUCHS
Geboren 1983 in St. Gallen. Studium der Geographie an der Universität in Zürich. 2010 Praktikantin und wissenschaftliche Mitarbeiterin beim Amt für Raumentwicklung, Kanton Zürich. Seit 2011 wissenschaftliche Mitarbeiterin beim Beratungs- und Forschungsunternehmen raumdaten GmbH in Zürich.

NICOLA HILTI
Geboren 1976. Dr. sc. ETH. Studium der Soziologie und Kommunikationswissenschaften in Wien, danach Tätigkeit am Lehrstuhl für Soziologie des Raumes der TU Chemnitz. Seit 2005 wissenschaftliche Mitarbeiterin am ETH Wohnforum – ETH CASE. 2011 Abschluss

eines interdisziplinären Doktoratsstudiums an der ETH Zürich zum Thema multilokales Wohnen. Weitere Forschungsschwerpunkte: Mobilität, Wohnen im Wandel und Wohnen im Alter.

ANDREAS HOFER

Dipl. Arch. ETHZ, 1989. Partner im Planungs- und Architekturbüro Archipel in Zürich. Gründung und Aufbau der Genossenschaft Kraftwerk 1. Beratung von Genossenschaften, privaten Bauträgerschaften und der öffentlichen Hand bei strategischen Entscheiden; Publikationen in Fachmedien; Kommunikation bei öffentlichen Veranstaltungen; Beteiligung an Wettbewerbsverfahren und in Jurys sowie Lehrtätigkeit an Hochschulen.

MARGRIT HUGENTOBLER

Geboren 1951. Ph.D. Urban, Technological & Environmental Planning, M.S.W. University of Michigan, Ann Arbor (USA). 1985–1992 Forschungstätigkeit USA. Seit 1992, wissenschaftliche Mitarbeit ETH Wohnforum – ETH CASE; Leitung der Forschungsgruppe seit 2009. Forschungsthemen: Innovationen im Wohnungsbau, Wohnsituationen und Wohnbedarf unterschiedlicher Zielgruppen, Kosten des Wohnens, multilokales Wohnen, nachhaltige Stadtentwicklung und qualitätsvolle städtische Verdichtung.

CHRISTIAN HUGGENBERG

Studium der Wirtschaft, Politik und Geschichte in Berlin und Manchester, Masterabschluss. Arbeitete als Wirtschaftsjournalist für Print- und elektronische Medien, zuletzt fünf Jahre als Redaktor der Handelszeitung. Nachdiplom am MAZ in Luzern sowie Fortbildungsstudiengang in Management (EoM) an der HSG. Partner der Kommunikationsagentur Taktform.

ANNE KAESTLE

Geboren 1975. Dipl. Architektin. Studium an der Technischen Universität in Karlsruhe, an der Königlichen Kunstakademie in Kopenhagen und an der Architekturakademie in Mendrisio bei Peter Zumthor. Arbeitete nach dem Diplom 2000 ein Jahr bei MSGSSS in Buenos Aires, danach bei Meili und Peter Architekten. 2007 gemeinsam mit Dan Schürch Gründung des Büros Duplex Architekten, Zürich.

ROBERT KALTENBRUNNER

Geboren 1960 in Vilseck/Opf. Studium der Architektur und des Städtebaus an der TU Berlin (1980–1986), dann freiberuflich in diversen Arbeitsfeldern tätig. Promotion über „Städtebauliche Leitbilder beim Umbau Shanghais in den 50er/60er Jahren". 1990–1999 Projektleiter bei der Senatsverwaltung für Bau- und Wohnungswesen in Berlin, seit 2000 Leiter der Abteilung „Bau- und Wohnungswesen" im Bundesinstitut für Bau-, Stadt- und Raumforschung (Bonn u. Berlin). Zahlreiche Veröffentlichungen zu verschiedenen Themen des Planen und Bauens.

DANIEL KURZ

Geboren 1957. Studium der Sozial- und Wirtschaftsgeschichte an der Universität Zürich. Anschließend Assistent und wissenschaftlicher Mitarbeiter an der ETH und Universität Zürich. Ab 1996 Mitarbeiter der städtischen Denkmalpflege, ab 2001 beim Amt für Hochbauten der Stadt Zürich. Publikationen und Ausstellungen zum Wohnungs- und Schulhausbau, zu nachhaltigem Bauen und zum Städtebau. Dissertation: „Die Disziplinierung der Stadt. Städtebau in Zürich 1900–1940". Chefredakteur der Architekturzeitschrift werk, bauen + wohnen.

PASCAL MÜLLER

Geboren 1971 in Billens (FR). Dipl.-Arch. ETH/SIA/BSA. 1991–1997 Architekturstudium und Diplom, ETH Zürich. Mitarbeit u. a. bei Studio Libeskind, Berlin, A.McGabhann Architects, Irland, und Gigon Guyer Architekten, Zürich. 2001 zusammen mit Peter Sigrist Gründung des Architekturbüros Müller Sigrist Architekten, das heute von Pascal Müller und Samuel Thoma geleitet wird. 2010–2012 Gastprofessur an der Berner Fachhochschule Architektur, Holz. Diverse Gastkritiken und Jurytätigkeiten im In- und Ausland.

MANUEL PESTALOZZI

Geboren 1962. Architekturstudium an der ETH Zürich auf dem zweiten Bildungsweg. 1997–2013 Redaktionsleitung der Baufachzeitschrift architektur+technik. 2013 Gründung der Einzelfirma Bau-Auslese Manuel Pestalozzi, die Leistungen im Bereich der Texterstellung und der Informationsvermittlung erbringt.

PETER SCHMID

Geboren 1959. Selbstständiger Unternehmensberater, eMBA in Management von Non-Profit-Organisationen (Universität Fribourg). Studium der Betriebswirtschaft (Zürich und St. Gallen). Geschäftsleitung verschiedener Non-Profit-Organisationen. Präsident der Allgemeinen Baugenossenschaft Zürich und der Baugenossenschaft „mehr als wohnen" sowie Verwaltungsrat gemeinnütziger Aktiengesellschaften und engagiert in weiteren Organisationen des gemeinnützigen Wohnungsbaus.

CLAUDIA SCHWALFENBERG

Dr. phil. Universität Münster; MA in Modern German Studies, University of Sussex und DAS in Arts Administration, Universität Zürich. Drei Jahre Öffentlichkeitsarbeit bei der Deutschen Stiftung Denkmalschutz in Bonn, sieben Jahre Leitung der Öffentlichkeitsarbeit der Bundesarchitektenkammer in Berlin und stellvertretende Vorsitzende des Deutschen Kulturrats. Seit 2008 Verantwortliche Baukultur beim SIA in Zürich.

MIROSLAV ŠIK

Geboren 1953 in Prag. Studium der Architektur 1973–1979 an der ETH Zürich bei A. Rossi und M. Campi. 1980–1983 Forschung über Schweizer Architektur im Zweiten Weltkrieg am gta-Institut ETH Zürich. 1983–1991 Assistent und Oberassistent bei Prof. F. Reinhart ETHZ. 1986–1991 Initiant der Analogen Architektur mit Ausstellungen u. a. in Zürich, Wien, Berlin, Strasbourg, Oslo, Stockholm und Prag. Seit 1988 eigenes Architekturbüro in Zürich; zahlreiche Projekte und Publikationen. Gastprofessuren in Prag und Lausanne 1999 Wahl zum Ordinarius der ETH Zürich. 2012 Vertretung der Schweiz an der Architekturbiennale Venedig.

PIA SIMMENDINGER

Geboren 1967. Dr. sc. ETH. Dipl.-Architektin, ETH Zürich und M. Arch., Southern California Institute of Architecture, Los Angeles, USA. Bis 1997 selbstständige Tätigkeit als Architektin in der Schweiz und Dänemark. 2000–2007 im Entwurfsunterricht und als Lehrbeauftragte an der ETH Zürich tätig, wo sie 2010 promovierte. Seither Organisation und Leitung von Symposien und Workshops sowie Jurymitglied an Hochschulen im In- und Ausland. Publikationen zu Städtebaugeschichte, Architektur und Entwurfslehre.

AXEL SIMON

Geboren 1966 in Düsseldorf. Studium der Architektur an der FH Düsseldorf und der HdK Berlin sowie der Geschichte und Theorie an der ETH Zürich. Entwurfsassistent bei Axel Fickert, Markus Peter und Peter Märkli an der ETH Zürich. Zehn Jahre freiberufliches Schreiben über Architektur in Tageszeitungen, Fachpresse und Büchern. Swiss Art Award 2006 in der Sparte Kunst- und Architekturvermittlung, Aufnahme als assoziiertes Mitglied in den Bund Schweizer Architekten BSA. Seit 2010 Redakteur bei Hochparterre, Zeitschrift für Architektur, Planung und Design.

MISCHA SPOERRI

Geboren 1964. Dipl.-Architekt ETH/BSA. 1992 Abschluss Architekturstudium ETH Zürich; bis 1997 Mitarbeiter bei Dürig + Rämi, Jakob Steib und Georg Gisel; 1998 Mitbegründer pool Architekten mit Schwerpunkten in Wohnungsbau, Schulbauten und städtebaulichen Planungen; 2006 Aufnahme in den Bund Schweizer Architekten; seit 2007 in der Architektengruppe Krokodil und im Jahr 2012 Gastdozent an der ETH Zürich.

MONIKA SPRECHER

Geboren 1962 in Zürich, Lehrerin für Vorschulstufe. Nach verschiedenen beruflichen Herausforderungen im In- und Ausland seit 25 Jahren in der Baugenossenschaftsszene aktiv. Von Anfang an bei der Baugenossenschaft „mehr als wohnen" mit dabei, seit 2009 als Geschäftsführerin.

DORIS TAUSENDPFUND

Geboren 1972 in Regensburg. Ausbildung zur Staudengärtnerin in der Gärtnerei Gräfin von Zeppelin in Laufen. Studium der Landschaftsarchitektur, Fachhochschule Weihenstephan in Freising. CAS Civic City an der ZHdK. Master of Advanced Studies in Supervision & Coaching in Organisationen, IAP Zürich. Seit 2007 Leiterin der Forschungsgruppe Pflanzenverwendung am Institut für Umwelt und Natürliche Ressourcen an der ZHAW.

CLAUDIA THIESEN

Geboren 1973, Architekturstudium an der Bauhaus Universität Weimar. Sie ist selbstständige Architektin in Zürich und berät gemeinnützige Wohnbauträger. 2004–2012 Vorstandsmitglied Bau- und Wohngenossenschaft Kraftwerk1, verantwortlich für neue Siedlungsprojekte; seit 2012 Gesamtleiterin des Projektes Zwicky Süd. Seit der Gründung von „mehr als wohnen" Vorstandsmitglied, außerdem Baukommissions- und Bauausschussmitglied.

WERNER WALDHAUSER

Geboren 1946 in Basel, 1967–1970 Studium an der Ingenieurschule HTL in Luzern; Abschluss: dipl. HLK-Ingenieur. 1973 Gründung des Ingenieurbüros Studer + Waldhauser. Ab 1985 Einzelfirma mit dem Namen Ingenieurbüro Werner Waldhauser. Ab 2008 schrittweise Geschäftsübergabe an seine drei Söhne. Heute erstellt er Fachexpertisen, begleitet Architekturwettbewerbe, berät und engagiert sich für Lowtech-Lösungen.

NICOLETTA WEST

Geboren 1966. Künstlerin; MFA Rutgers University (Mason Gross School of the Arts) USA, CAS ZHdK Gestalterische Projekte für Kinder und Jugendliche, LHdK Visuelle Gestalterin. Selbstständige Künstlerin und Kunstpädagogin. Diverse Förderbeiträge und Auszeichnungen. Gründerin von OKIDOKI-Spielplatz für Kunst; Gestalterische Projekte für Kinder und Jugendliche mit Schwerpunkt Kunstvermittlung. Aufträge für diverse öffentliche und private Institutionen der Stadt Zürich.

SABINE WOLF

Geboren 1972; Dr. sc. ETH, Dipl.-Ing. Raum- und Umweltplanerin, Landschaftsarchitektin BSLA. Lebt und arbeitet als selbstständige Journalistin in Zürich, Aufträge im Bereich Text, Redaktion, Kommunikation; Buchprojekte und Veranstaltungen, u. a. zu Stadt- und Quartierentwicklung. 2008 bis 2014 Mitglied des Vorstands der Genossenschaft Kalkbreite, seit Juli 2014 Mitglied der Geschäftsleitung.

LITERATUR

ARCHITEKTUR – WOHNEN-
GEMEINNÜTZIGER WOHNUNGSBAU

A+T Research Group; Fernández Per, A.; Mozas, J.; Ollero, A. S. (Hg): *10 stories of collective housing: Graphical analysis of inspiring masterpieces.* Vitoria-Gasteiz: a+t architecture Publishers 2013

„Detail (Hg): Best of: WOHNEN: *Ausgewählte Wohn-Highlights aus DETAIL.* München: Institut für internationale Architektur-Dokumentation 2012"

Durban, Ch.; Koch, M.; Kurz, D.; Schumacher, M.; Somandin, M.: *Mehr als Wohnen: Gemeinnütziger Wohnungsbau in Zürich 1907–2007: Bauten und Siedlungen.* Zürich: GTA Verlag 2007

Eberle, D.; Glaser, M. A. (Hg): *Wir wohnen: Wohnen – Im Wechselspiel zwischen öffentlich und privat.* Sulgen: Niggli 2009

Ebner, P.; Hermann, E.; Röllbacher, R.; Kuntscher, M.; Wietzorrekl, U. (Hg): *Typologie+: Innovativer Wohnungsbau.* Basel: Birkhäuser 2009

Ferré, A. (Hg): *Total Housing: Alternatives to urban sprawl.* Verlag: Actar 2010

Fezer, J.; Heyden, M. (Hg): *Hier entsteht: Strategien partizipativer Architektur und räumlicher Aneignung.* Berlin: b_books 2004

Gilg, M.; Schaeppi, W.: *Lebensräume: Auf der Suche nach zeitgemässem Wohnen.* Sulgen: Niggli 2007

Glaser, M.A.; ETH Wohnforum – ETH CASE (Hg): *Vom guten wohnen. Vier Zürcher Hausbiografien von 1915 bis zur Gegenwart.* Sulgen: Niggli 2013

Heckmann, O.; Schneider, F. (Hg): *Grundrissatlas Wohnungsbau.* Basel: Birkhäuser 2004

Hildner, C.: *Future Living: Gemeinschaftliches Wohnen in Japan.* Basel: Birkhäuser 2013

Imhof, L.: Midcomfort: *Wohnkomfort und die Architektur der Mitte.* Wien: Ambra V 2013

Künstlerhaus Wien (Hg): *Wohnmodelle: Experiment und Alltag.* Wien: Folio 2009

Maak, N.: *Wohnkomplex: Warum wir andere Häuser brauchen.* München: Carl Hanser Verlag 2014

pool Architekten; Roesler, S. (Hg): *pool Architekten: Werkjournal: 1998-2010.* Zürich: GTA 2010

Ruby, I.; Ruby, A. (Hg): *Re-inventing Construction. With an Illustrated Index by Something Fantastic.* Berlin: Ruby Press 2010

Stadt Zürich, Präsidialdepartement Statistik Stadt Zürich (2009). *4 x 25 Günstig wohnen in Zürich.* Statistik Stadt Zürich 2009

Stadt Zürich; Schweizerischer Verband für Wohnungswesen SVW Sektion Zürich (Hg): *Wohnen morgen: Standortbestimmung und Perspektiven des gemeinnützigen Wohnungsbaus.* Zürich: NZZ Libro 2008

Stadt Zürich; Simon, A. (Hg): *Wohnen in Zürich: Programme, Reflexionen, Beispiele: 1998-2006.* Sulgen: Niggli 2006

TU Wien, Abteilung Wohnbau und Entwerfen; Brullmann, C. (Hg): *Re-searching utopia: When imagination challenges reality.* Sulgen: Niggli 2014

von Becker, A. (Hg): *Bauen und Wohnen in Gemeinschaft/Building and Living in Communities. Ideen, Prozesse, Lösungen/Ideas, Processes, Solutions.* Basel: Birkhäuser 2015

Wietzorrek, U. (Hg): *Wohnen+: Neue Formen urbaner Nachbarschaften: Von Schwellen, Übergangsräumen und Transparenzen.* Basel: Birkhäuser 2012

Wirz, H. (Hg): *Miroslav Šik: Architektur 1988-2012.* Luzern: Quart 2012

WOHNEN IM ALTER

Alisch, M: *Älter werden im Quartier: Soziale Nachhaltigkeit durch Selbstorganisation und Teilhabe.* Kassel: Kassel University Press 2014

Binne, H.; Teske I.: *Handbuch Intergeneratives Arbeiten: Perspektiven zum Aktionsprogramm Mehrgenerationenhäuser.* Opladen etc.: Verlag Barbara Budrich 2014

Bott, J. M.; Winkler, S. M.: *Netzwerkarbeit und Selbstorganisation im demografischen Wandel: Eine praxisorientierte Arbeitshilfe.* Berlin: Verlag des Deutschen Vereins für öffentliche und private Fürsorge 2014
Feddersen, E.: *Wohnen im Alter: Entwurfsatlas.* Basel: Birkhäuser 2009

Hoffmann, M.; Huber, A.: *Begleitstudie Kraftwerk1 Heizenholz: 2010-2014.* Zürich: ImmoQ 2014

BILDNACHWEIS

Hoffmann, M.; Huber, A.: *Hausgemeinschaft 50plus Kanzlei-Seen: Begleitstudie 2008-2013* Zürich: ImmoQ 2014

Höpflinger, F.; Van Wezemael, J.; *Wohnen im höheren Lebensalter: Grundlagen und Trends.* Zürich etc.: Seismo. 2014

Jekel, G.; Pätzold, R.; Seidel-Schulze, A.; Bundesinstitut für Bau-, Stadt- und Raumforschung (Hg.): *Neues Wohnen – gemeinschaftliche Wohnformen bei Genossenschaften: Ein Projekt des Forschungsprogramms „Allgemeine Ressortforschung" des Bundesministeriums für Umwelt, Naturschutz, Bau und Reaktorsicherheit* (Stand Oktober 2014 ed.). Bonn: Bundesinstitut für Bau-, Stadt- und Raumforschung 2014

Michell-Auli, P.: *Quartiersentwicklung : KDA-Ansatz und kommunale Praxis.* Köln: Kuratorium Deutsche Altershilfe 2013

Netzwerk: Soziales, neu gestalten: *Zukunft Quartier – Lebensräume zum Älterwerden: Band 3: Soziale Wirkung und „Social Return".* Gütersloh: Bertelsmann Stiftung 2010

Netzwerk: Soziales, neu gestalten: *Soziale Wirkung und „Social Return": Eine sozioökonomische Mehrwertanalyse gemeinschaftlicher Wohnprojekte.* Gütersloh: Bertelsmann Stiftung 2009

Netzwerk: *Soziales, neu gestalten: Zukunft Quartier – Lebensräume zum Älterwerden.* Gütersloh: Bertelsmann Stiftung 2008

Programm Projets urbains (Hg): *Quartiere im Brennpunkt: gemeinsam entwickeln, vielfältig gestalten.* Bern: BBL 2013

Rowles, G. D.; Bernard, M.: *Environmental gerontology: Making meaningful places in old age.* New York: Springer 2013

Schulz-Nieswandt, F.: *Neue Wohnformen im Alter: Wohngemeinschaften und Mehrgenerationenhäuser.* Stuttgart: Kohlhammer 2012

Michel Bonvin 35
Foto a+t research group 35
Roger Frei 83, 86, 89
Karin Gauch 74, 77, 80, 93, 95
Andrea Helbling Arazebra Zürich 19
Andreas Hofer 18 (Heizenholz)
Tom Kawara 35
Walter Mair 68 (innen), 71 (innen)
Johannes Marburg 68 (außen), 71 (innen)
Bert Muller 35
Collection Familistère de Guise 35
Flurina Rothenberger 93, 95
Volker Schopp 18 (Kalkbreite), 98
Fabian Schwartz 74, 77, 80, 93, 95
Reinhard Seiss 35
Nikolaus Spoerri 101, 104
Doris Tausendpfund 156
Ursula Meisser 23-25, 41, 48, 54-55, 59, 60-61, 106, 111-113, 124-126, 133-135, 160-161
Nicoletta West 125-126
Sabine Wolf 19 (Kalkbreite)

DANK

So wie das Projekt „mehr als wohnen", ist auch diese Publikation Ergebnis der fruchtbaren Zusammenarbeit vielfältiger Individuen und Organisationen.

Die Beiträge der Autorinnen und Autoren zeichnen nicht nur ein reiches Bild der Entstehung und Ausgestaltung des neuen Quartiers, sondern erlauben es auch, die Bedeutung dieses zukunftsorientierten Experiments in einen historischen, sozialpolitischen und städtebaulichen Kontext einzuordnen. Wir bedanken uns für das Engagement bei den zahlreichen Autorinnen und Autoren. Die Fotografin Ursula Meisser erweckt die Texte zu farbigem Leben. Den involvierten Architekturbüros danken wir für das zur Verfügung gestellte Planmaterial.

Die vorliegende Publikation wurde durch einen maßgeblichen finanziellen und inhaltlichen Beitrag der Genossenschaft „mehr als wohnen" möglich und ist zudem der großzügigen Unterstützung durch die Age-Stiftung und den Beitragsfonds des Finanzdepartements der Stadt Zürich zu verdanken.

Für weitere finanzielle Beiträge danken wir folgenden Organisationen: Allgemeine Baugenossenschaft Zürich, Gebäudeversicherung Kanton Zürich, Hamasil Stiftung, Migros Bank, Stiftung Solidaritätsfonds Wohnbaugenossenschaften Schweiz, Walder Stiftung, Ernst Schweizer Metallbau AG und WOKO Studentische Wohngenossenschaft Zürich.

Großer Dank geht auch an Alexander Felix und Katharina Kulke vom Birkhäuser Verlag für die Unterstützung bei Konzeption, Lektorat, Gestaltung und Druck dieser Publikation.

MEHR ALS WOHNEN
GENOSSENSCHAFTLICH PLANEN – EIN MODELLFALL AUS ZÜRICH

ETH Wohnforum ETH Case
Baugenossenschaft „mehr als wohnen"

Herausgegeben von Margrit Hugentobler,
Andreas Hofer, Pia Simmendinger

Lektorat – Sarah Schwarz
Projektkoordination – Alexander Felix, Katharina Kulke
Herstellung – Amelie Solbrig
Grafik – Nadine Rinderer

Schriften – Basis Grotesque und Heimat Stencil
Papier – Fly 05, 130 g/m^2
Druck – DZA-Druckerei zu Altenburg GmbH

Library of Congress Cataloging-in-Publication data
A CIP catalog record for this book has been applied for at the Library of Congress.

Bibliografische Information der Deutschen Nationalbibliothek
Die Deutsche Nationalbibliothek verzeichnet diese Publikation in der Deutschen
Nationalbibliografie; detaillierte bibliografische Daten sind im Internet über
http://dnb.dnb.de abrufbar.

Dieses Buch ist auch als E-Book (ISBN PDF 978-3-0356-0463-4; ISBN EPUB 978-3-0356-0473-3) sowie in englischer Sprache erschienen (ISBN 978-3-0356-0468-9).

© 2016 Birkhäuser Verlag GmbH, Basel
Postfach 44, 4009 Basel, Schweiz
Ein Unternehmen der Walter de Gruyter GmbH, Berlin/Boston

Gedruckt auf säurefreiem Papier, hergestellt aus chlorfrei gebleichtem Zellstoff. TCF ∞

Printed in Germany

ISBN 978-3-0356-0469-6

9 8 7 6 5 4 3 2 1   www.birkhauser.com